# 教育戏剧教学法在小学道德与法治学科的创新实践

余仁生 著

中山大学出版社

·广州·

版权所有 翻印必究

图书在版编目（CIP）数据

教育戏剧教学法在小学道德与法治学科的创新实践／余仁生著．--广州：中山大学出版社，2024.12. -- ISBN 978-7-306-08321-0

Ⅰ. G623.102

中国国家版本馆 CIP 数据核字第 20247PD275 号

| 出 版 人： | 王天琪 |
|---|---|
| 策划编辑： | 张 蕊 |
| 责任编辑： | 陈 颖 |
| 封面设计： | 曾 婷 |
| 责任校对： | 王凌丹 |
| 责任技编： | 靳晓虹 |

出版发行：中山大学出版社
电　　话：编辑部 020 - 84113349，84110776，84111997，84110779，84110283
　　　　　发行部 020 - 84111998，84111981，84111160
地　　址：广州市新港西路 135 号
邮　　编：510275　　传　　真：020 - 84036565
网　　址：http://www.zsup.com.cn　E-mail：zdcbs@mail.sysu.edu.cn
印 刷 者：广东虎彩云印刷有限公司
规　　格：787mm×1092mm　1/16　11.75 印张　237 千字
版次印次：2024 年 12 月第 1 版　2024 年 12 月第 1 次印刷
定　　价：60.00 元

如发现本书因印装质量影响阅读，请与出版社发行部联系调换

# 序

新时代，小学道德与法治学科承载着立德树人的崇高使命，它不仅是培养学生良好品德的坚固基石，更是引导学生树立爱党、爱国、爱人民、爱社会主义崇高理想的指路明灯。这一学科在小学教育体系中的核心地位及其对于学生全面发展的重要性不言而喻。

近年来，随着教育改革的不断深化，小学道德与法治学科也迎来了新的发展机遇与挑战。在教育部《全面推进"大思政课"建设的工作方案》的指引下，小学道德与法治学科在紧跟时代步伐、把握教育新趋势的同时，积极推进大中小一体化进程，并致力于增强课程的针对性和统筹性。在这一背景下，创新教学方法成为提升该学科教学质量的关键所在。

教育戏剧作为一种独特的体验式教学方式，近年来逐渐受到教育界的广泛关注与认可。它运用戏剧与剧场技巧，通过即兴表演、角色扮演、肢体模仿、观察、游戏等多种方法，引导学生在互动中发挥想象、表达思想，并在实践中学习成长。这种教学方式摒弃了传统教育的被动性、统一性与个人化倾向，强调了学习的主动性、活动性、情境性与协同性，将学习定义为意义与关系的建构，为学生的全面发展提供了有力支撑。

将教育戏剧应用于小学道德与法治学科教学中，无疑具有其合理性，并且具有深远的价值。实践经验表明，道德与法治课程的有效实施需要学习者的主体参与和自主体验，而教育戏剧恰好具有游戏性、情境性、团体性等特点，能够充分满足青少年求新、求活、求变的心理特征。通过角色扮演和情景体验，教育戏剧能够自然地发挥出育人的功能，使学生在自我体验、自我认知、自我教育的过程中不断成长。这种教学方式不仅更具新鲜感和吸引力，能够迅速感染学生、赢得学生的喜爱，还能有效解决教育中认知、行为与情感脱节，道德培养过程与情感体验脱节等难题。

在广州市教育研究院张云平老师"新结构教学评框架"理论的引领下，荔湾区教育研究院将"基于新结构教学评框架创建'4+X'素养课堂"确立为重点改革项目，并以此为核心推动了一系列创新举措。小学道德与法治"4+X"素养课堂的构建及其在区域内的实践探索，成为荔湾区落实新课程标准、打造高品质课堂的关键路径和重要着力点。这一实践不仅充分展示了新结构教学评范式的研究成果，也为教育戏剧在小学道德与法治学科中的创新应用提供了宝贵的实践经验与深刻启示。具体而言，荔湾区教育研究院道德与法治学科团队在新结构教学评框架的指导下，依托素养课堂教学流程，巧妙运用教育戏剧教学方法，成功创建了素养课堂模型。该模型为荔湾区各小学提供了坚实的实践基础，各校在此基础上灵活创新，成功开展了形式多样的课堂教学变式研究，进一步丰富了教育戏剧在小学道德与法治学科中的实践应用，推动了教学方法的多元化与教学效果的显著提升。

本书旨在全面而深入地探讨教育戏剧教学法在小学道德与法治学科中的创新实践，除了系统阐述相关理论外，还紧密结合实际教学场景，借助课例详细解析了教育戏剧中的"坐针毡""专家外衣""良心巷"等主要策略，以及故事戏剧、角色戏剧、过程戏剧等教学模式。同时，本书还详细阐述了教育戏剧在小学道德与法治学科中的教学流程与操作要领，包括聚焦意义与关系建构、提炼戏剧主题，设计关键问题与任务、编写戏剧"导案"，以及聚焦问题解决与迁移、展开戏剧活动等关键环节。

此外，本书还深入探讨了教育戏剧教学法在小学道德与法治学科中的学习评价、作业设计与实施，以及教学反思和教师发展等方面的内容。通过丰富的案例和深入的分析，为读者呈现一个全面、立体、生动的教育戏剧在小学道德与法治学科中的创新实践图景。

本书的读者可以是小学道德与法治教师、教育研究者、教育管理者以及关心小学道德与法治教育的家长和社会各界人士。我希望通过这本书向读者传达一个理念：教育戏剧作为一种创新的教学方法，能够为道德与法治学科的教学注入新的活力和动力，促进学生的全面发展。同时，我也希望本书能够为读者提供有益的启示和实用的帮助，进一步推动道德与法治教育的改革与创新。

余仁生

# 目 录

## 第一章 新时期思政课的课堂变革 ··································· 1
### 第一节 改革创新是新时期对思政课提出的要求 ················· 1
一、新时期要加强学校思政教育 ································· 1
二、当前小学思政教育的现状与存在问题 ······················ 2
三、思政课程改革的导向与要求 ································· 4
### 第二节 小学道德与法治学科的课堂变革 ························· 5
一、小学道德与法治学科课堂变革的新需求 ··················· 5
二、小学道德与法治学科课堂教学的新样态 ··················· 7
### 第三节 小学道德与法治学科体验式教学形态 ··················· 9
一、体验式学习在小学道法课程中的应用价值 ················ 9
二、体验式学习的体验方式 ······································ 11

## 第二章 教育戏剧与道法学科的融合 ······························ 12
### 第一节 教育戏剧的起源与发展 ···································· 12
一、教育戏剧在国外的发展 ······································ 12
二、教育戏剧在国内的研究现状 ································· 15
### 第二节 教育戏剧的概念与特征 ···································· 16
一、教育戏剧的概念 ·············································· 16
二、教育戏剧与戏剧教育 ········································· 18
三、教育戏剧的课程要素与教学过程 ··························· 18
四、教育戏剧的实践效果 ········································· 19
### 第三节 教育戏剧在小学道法课程中的实践意义 ················· 21
一、教育戏剧创新道德与法治学习方式 ························ 21
二、教育戏剧的育人价值 ········································· 23
三、教育戏剧在小学道德与法治学科的应用效果 ············· 24

## 第三章　教育戏剧策略与教学模式 ······ 29
### 第一节　教育戏剧策略 ······ 29
一、教育戏剧策略分类 ······ 29
二、教育戏剧常用策略解析 ······ 31
三、教育戏剧策略的运用 ······ 38
### 第二节　教育戏剧的教学模式 ······ 43
一、故事戏剧教学模式 ······ 43
二、角色戏剧教学模式 ······ 47
三、过程戏剧教学模式 ······ 53

## 第四章　基于教育戏剧的道法学科教学 ······ 57
### 第一节　教育戏剧道法学科教学理论基础 ······ 57
一、新结构教学评框架理论 ······ 57
二、新结构教学评框架视域下的"4+X"素养课堂 ······ 60
三、小学道法"4+X"素养课堂教学模型 ······ 63
### 第二节　教育戏剧道法学科课堂生成 ······ 66
一、教育戏剧道法学科教学要求 ······ 66
二、教育戏剧道法学科教学流程与操作要领 ······ 67
### 第三节　教育戏剧道法学科学习评价 ······ 75
一、课前：前置性评价 ······ 76
二、课中：提升性评价 ······ 78
三、课后：延展性评价 ······ 79
### 第四节　教育戏剧道法学科作业设计与实施 ······ 81
一、作业设计目标与着力点 ······ 81
二、单元作业设计与实施案例 ······ 83

## 第五章　教育戏剧道法学科教学案例 ······ 91
一、道法与时政融合课例 ······ 91
二、道法与其他学科融合课例 ······ 109
三、道法主题实践课课例 ······ 125
四、整体单元项目式学习课例 ······ 129

## 第六章　教育戏剧与思政教师专业发展·······159
### 第一节　教育戏剧师资现状与需求·······159
一、新时代思政教师的素养·······159
二、教育戏剧引领思政教师专业成长新方向·······160
三、思政教师运用教育戏剧的困境·······161
四、思政教师的教育理念转变·······162
五、思政教师教育戏剧的关键能力·······165
### 第二节　思政教师教育戏剧素养提升策略·······166
一、借助校外资源进行师资培训·······167
二、开展教育戏剧研讨活动·······167
三、经验交流与推广·······169

# 第一章 新时期思政课的课堂变革

## 第一节 改革创新是新时期对思政课提出的要求

全面贯彻党的教育方针，落实立德树人根本任务，围绕凝聚人心、完善人格、开发人力、培育人才、造福人民的工作目标发展素质教育，培养德智体美劳全面发展的社会主义建设者和接班人，是深化教育教学改革、全面提高义务教育质量的指导思想。在国家教育政策的引领下，义务教育改革不断深化，构建德智体美劳全面培养的教育体系，健全立德树人落实机制，是学校改革创新的根本。立德树人，要坚持德育为先，引导学生爱党、爱国、爱人民、爱社会主义。思想政治理论课是落实立德树人根本任务的关键课程，在学校教育中发挥着不可替代的作用。

### 一、新时期要加强学校思政教育

党的十八大以来，以习近平同志为核心的党中央高度重视思政课建设，做出了一系列重大决策部署，引领各地区各部门和各级各类学校采取有力措施认真贯彻落实思政教育。2019年，中共中央办公厅、国务院办公厅印发了《关于深化新时代学校思想政治理论课改革创新的若干意见》（以下简称《意见》）。《意见》提出："办好思政课，要放在世界百年未有之大变局、党和国家事业发展全局中来看待，要从坚持和发展中国特色社会主义、全面建成社会主义现代化强国、实现中华民族伟大复兴的高度来对待。思政课建设只能加强、不能削弱，必须切实增强办好思政课的信心，全面提高思政课质量和水平。"

思政教育铸魂育人。思政课通过传道、授业、解惑，在人的内心深处宣传正向、积极的能量，唤醒人心底最深沉的意念，引发最大化的情感共鸣。当今社会是一个思想多元化的社会，上好思政课能够加强国民的思想政治教育工作，有助于增强国民的政治素质，提高国民的思想品德和心理素质，对于人的政治格局和思想认识的正确树立起到关键作用，对人的三观确立起到潜移默化的作用。思政课能以强大的政治引领力，强化国民对国家和民族的责任感，引导学生树立远大的理想和抱负，与党和国家的发展步调保持高度一致，为把我国建设成为社会主义现代化强国、为实现中华民族伟大复兴的中国梦不懈奋斗。

2021年，中共中央宣传部、教育部印发的《新时代学校思想政治理论课改革创新实施方案》提出，要按照循序渐进、螺旋上升的原则，立足于思政课的政治性属性，对大中小学思政课课程目标进行一体化设计。小学阶段重在培养学生的道德情感，初中阶段重在打牢学生的思想基础，高中阶段重在提升学生的政治素养，大学阶段重在增强学生的使命担当。学校要根据学生的成长规律，结合不同年龄段学生的认知特点，构建大中小学一体化思政课课程体系。在小学及初中阶段"道德与法治"、高中阶段"思想政治"、大学阶段"思想政治理论课"中落实课程目标要求，重点推进习近平新时代中国特色社会主义思想融入课程，切实提高思政课学习的实效性。

《义务教育道德与法治课程标准（2022年版）》（以下简称"新课标"）旗帜鲜明地强调了"固本守正育新人"的道德与法治课程培养目标。新课标在"课程性质"中明确指出："思政课是落实立德树人根本任务的关键课程。"立德树人是义务教育阶段所有课程的根本任务，在此前提下强调思政课是立德树人的关键课程，要格外注重提升学生的思想政治素养、道德修养、法治素养和人格修养，要"增强学生做中国人的志气、骨气、底气"，要为"培养以实现中华民族伟大复兴为己任的有理想、有本领、有担当的时代新人打下牢固的思想根基"。[①]

## 二、当前小学思政教育的现状与存在问题

思政教育在学校工作中是一项铸魂立人的重点工程，越来越受到学校的重视。作为小学思政课主阵地的道德与法治课肩负着思政教育的重要使命，随着学校重视程度的提升，许多教育平台上的课程资源、教师培训活动、课题研究活动日益丰富，这些对于提高道德与法治课的教育效果无疑都是利好因素。

但是，《2020年国家义务教育质量监测——德育状况监测结果报告（四年级）》显示，不是很喜欢道德与法治学科的学生全国占比33%，有的省市占比甚至更高。对不喜欢道德与法治学科的原因进行学生调查，认为教师讲课枯燥的占36.8%，对课程内容不感兴趣的占36.8%，觉得课堂互动机会少的占31.1%。这说明，当前小学道德与法治教育仍有诸多问题有待解决，这些问题

---

① 中华人民共和国教育部. 义务教育道德与法治课程标准（2022年版）[M]. 北京：北京师范大学出版社，2022.

严重限制了道德与法治学科课堂教育价值的有效发挥。

进行归因分析，问题主要存在于教师和学生两个方面。

### （一）教师方面存在的问题

教师是道德与法治课程教学的主体，对于教师而言，在思想上重视课程教学、在实践中提升课程教学能力同等重要，教师方面存在的问题主要体现在如下两个方面。

**1. 教师欠缺思政教育的使命感**

思政教师在很多学校不是专职的学科教师，多由其他科目的教师兼任，班主任和语文教师兼任的比重较大。受长期应试教育的影响，教师的教学偏向功利化，将应试教育的主导科目视为主科，对主科教学更为重视。道德与法治学科在小学教育中虽然一直也有考试要求，但通常不被当作衡量教学成绩的重要科目，在教学时间上常常被挤占，在教学要求上常常处于应付状态，有的教师甚至认为道德与法治这门课程不重要，没有必要当作一门主科进行正常教学。教师在思想上对道德与法治学科的不重视，导致了道德与法治课程有时没有按照正常的课程进度进行教学，没有完成相应的课程任务，亦达不到相应的课程目标，这对学生学科素养的形成产生了一定的影响。

**2. 教师对待道德与法治课程的教学缺乏深度与创新**

教师对道德与法治学科在思想上认识不足就会导致在教学实践中不够重视，对于教学缺乏相应的投入，这表现在道德与法治学科教学的各个环节当中。一是备课环节。教师分配在道德与法治学科上的备课时间不足，常常导致备课缺乏系统性，课时目标与单元目标难以形成完整体系；备课时设定教学目标和教学环节时仍以知识为重，对学生学科核心素养的养成不够重视；备课内容大多参考教材教参内容，未能挖掘丰富的教学资源，备课内容缺乏深度，课堂教学也只能应付着完成任务。二是教学环节。由于备课时准备不充分，课堂教学大多照本宣科，较少能采用创新的教学内容与教学方法，学生学习体验不足，因此，学生往往感觉道德与法治课枯燥乏味，难以产生学习兴趣；教师在教学过程中，由于不重视与学生的学习互动，教与学在一定程度上处于分离状态，教师只管讲自己的，学生听了多少，甚至听没听，教师也不是很关注。在这种课堂状态下，学生连学习效率都难以获得基本的保障，就更没有学习的深度可言了。三是在课后环节。道德与法治学科很少会给学生设计相应的作业，基本都是让学生在课堂上简单地完成课后习题，没有学习反思，也没有作业反馈，课程评价形同虚设。

## （二）学生方面存在的问题

学生是学习的主体，对于学生而言，由于受教师、家长等的影响，其往往同样在思想上不重视道德与法治课程的学习，在学习中缺乏积极的学习状态。学生方面存在的问题主要体现在如下两个方面。

### 1. 学生对道德与法治课程不重视

在应试教育的背景下，道德与法治课程因其特殊性，很难真正引起家长的重视，尤其是在义务教育基础阶段。在家长的眼中，道德与法治课程的开设并不会对学生的成绩起到非常大的帮助作用，还不如让学生将时间用来学习语文、数学等科目。教师、家长重视度不够，自然会对学生在思想上产生很大的影响。学生也会认为，道德与法治学科是不用考试的科目，没有学习的必要。这种思想和认知导致一些学生只注重主科的学习，忽略了锻炼自己、健全发展人格的机会。

### 2. 学生在学习课程中缺乏兴趣，参与性不足

虽然小学道德与法治学科的学习活动和学业评价形式灵活多样，不会给学生带来过多的学习压力，但是，道德与法治这门学科理论性较强，学科知识内容的学习会存在一定的枯燥性和乏味性。在缺乏精心设计的道德与法治课堂，学生的学习状态可想而知。

## 三、思政课程改革的导向与要求

当前学校道德与法治教育的种种问题影响学生对道法课程学习的兴趣与热情，也影响课堂教学的效果。面对新时期教育的新形势、新任务、新挑战，要突破当前道德与法治课程教与学的困局，思政课程改革成为必然。

### （一）思政课程改革的原则与导向

思政课程改革要遵从相关的教育政策的指引，坚守思政教育的原则与导向。一是坚持党对思政课建设的全面领导，把加强和改进思政课建设摆在突出位置。二是坚持思政课建设与党的创新理论武装同步推进，全面推动习近平新时代中国特色社会主义思想进教材、进课堂、进学生头脑，把社会主义核心价值观贯穿国民教育全过程。三是坚持守正和创新相统一，落实新时代思政课改革创新要求，不断增强思政课的思想性、理论性和亲和力、针对性。四是坚持思政课在课程体系中的政治引领和价值引领作用，统筹大中小学思政课一体化建设，推动各类课程与思政课建设形成协同效应。五是坚持培养高素质专业化思政课教师队伍，积极为这支队伍成长发展搭建平台、创造条件。六是坚持问

题导向和目标导向相结合，注重推动思政课建设内涵式发展，全面提升学生思想政治理论素养，实现知、情、意、行的统一。

（二）思政课程改革的基本要求

围绕新时期道德与法治课程改革的指导思想，有如下几项基本要求：

一是把握新时代。坚持用习近平新时代中国特色社会主义思想铸魂育人，加强"四个自信"教育，将学习贯彻习近平新时代中国特色社会主义思想体现在大中小学各学段的课程目标、课程设置和课程教材内容中，实现全覆盖，贯穿全过程。

二是推进一体化。建立纵向各学段层层递进、横向各课程密切配合、必修课与选修课相互协调的课程教材体系，实现课程目标、课程设置、课程教材内容的有效贯通。

三是突出创新性。完善课程教材建设机制，优化教材内容，创新教学方法，推动道法课在改进中加强，在创新中提高。

四是增强针对性。遵循思想政治工作规律、教书育人规律、学生成长规律，编写适用的教材，进一步增强思政课的思想性、理论性和亲和力、针对性。

五是注重统筹性。注重总体推进、分类指导、分步实施，积极稳妥地做好各项工作。

## 第二节　小学道德与法治学科的课堂变革

纵观历史，课程一直在发生变化，课程设置、课程特点、课程内容等一直在不断创新。从世界范围来看，大约从20世纪70年代开始，各个国家的课程都越来越趋向综合化，某一学科在内容设置中总会融合其他学科的相关知识。紧随课程的变化，课堂教学也在不断创新与变化，以讲授知识为主的传统教学方式逐步转变为注重学生学习体验的教学方式，注重引导学生在学习体验中获取知识、提升素养。

### 一、小学道德与法治学科课堂变革的新需求

《义务教育道德与法治课程标准（2022年版）》以核心素养为导向，在课程内容、课程结构和学业质量标准等方面，对小学道德与法治课程的实施提出了新要求。相应地，课堂教学必须做出适应性变革，以满足新时期思政课的育

人需求。

(一) 围绕铸魂育人目标，着力发展学生核心素养

新课标指出，道德与法治课程教材要发挥培根铸魂、启智增慧的作用，课程要"以立德树人为根本任务，发挥课程的思想引领作用"。学校思想政治理论课改革创新需要更明确育人目标，培养学生成为担当民族复兴大业的时代新人。基于这样的育人目标，学校思想政治理论课改革创新需要着力发展学生核心素养，包括政治认同、道德修养、法治观念、健全人格、责任意识，让学生得到成长和发展。

(二) 创新教学方法，提高学生参与度

多媒体教学的应用为小学道德与法治教育提供了大量的教学资源，这使小学道德与法治知识更加容易接近生活实际。多媒体教学包含多种元素，能将视频、音频、文字等一次性呈现在一堂教学课上。教师可以利用多媒体将生活中的实际案例进行加工，让这些生活素材转变成为学生能够理解、可以学习、易接受的教学素材，然后结合学生的实际学情分析课堂中的知识点。这样的创新教学方法有利于巩固学生在小学道德与法治教学课堂中的主体地位，从而推动小学道德与法治教学的发展创新，改变以往理论与实际脱节的现象。

(三) 加强学科实践，促进知行合一

新课标指出，"要积极探索议题式、体验式、项目式等多种教学方法，引导学生参与体验，促进感悟与建构。要采取热点分析、角色扮演、情境体验、模拟活动等方式，引导学生开展自主探究与合作探究，让学生认识社会"。

为了在道德与法治课堂上培养学生良好的道德素养，教师应将道德与法治知识内容融入实践活动教学中，明确展示出社会给予学生的根本任务，加强对学生进行价值观教育，加强法治教育和生命教育，强化公民意识教育，要求学生具有共创共享家庭美德的能力，引导学生了解每个人在人格上是平等的，要求学生学会享有自己的公民权利和义务。另外，教师要更加强化学生的情感体验和道德实践，更加重视对教学理论和方法的革新，更加注重双向互动共同成长，让学生认识到道德与法治的文化内涵。

(四) 创新作业与评价方式，发挥以评促学功能

在道德与法治新教材当中，每一课都设计了很多练习，这些练习的内容紧扣学习重难点，形式多样，内容丰富。教师可以在充分研读教材的基础上，根据学生的实际情况，选取、整合教材当中的练习，设计成适合本班同学的作

业，在课前、课中、课后合理实施，帮助学生掌握重难点，提升学习效果。在评价方面，可以创设多元的评价方式。例如，评价方式可以有小组评价、师生互评等，评价标准可以有星级评价、等级评价、项目评价等。总之，通过多种激励手段，鼓励学生积极参加作业实践活动，发挥以评促学功能。

## 二、小学道德与法治学科课堂教学的新样态

顺应新课标对课堂变革提出的新需求，小学道德与法治课堂应当是以学生为主体的学习场域，应当是注重学生道德与法治体验获取道德与法治认知、深入道德与法治实践的课堂，这样的课堂是生动的，是生命与灵魂共同成长的场域。

### （一）教学素材与时俱进

道德与法治课程以"成长中的我"为原点，将学生不断扩大的生活和交往范围作为课程的基础，是一门具有生活性、社会性、实践性、综合性的课程。教学素材的广泛、实时发掘是引导学生从教材走向生活、走向社会的道德与法治课堂的需要，要充分利用现实生活中正反两方面的鲜活案例，进一步加强爱国主义教育和公民道德教育，提升公民道德水平。我们应该抓住时机，突破教材内容的局限性，挖掘社会生活中有利于道德与法治学科教学的常识之材、温情之材、典型之材，使之成为教材文本的有效补充，成为学生形成对法律法规、社会公德、行为规范的价值认同的有效催化剂。

### （二）教学方式迭代创新

道德与法治是以价值引领行为习惯为主要目标的教学。道德的形成无法通过简单的知识传授完成，学生只有通过实践，在情景中发现、体验、感悟，主动构建道德体系，才能生成道德认知和道德情感。在新样态的道法课堂中，我们要尝试打破教室空间的壁垒，在空间上建立一个无缝衔接的课堂环境。对此，一是探索通过微视频、微课等信息化手段，创设跨时空的体验情境；二是探索教育戏剧、游戏等活动体验方式，组织师生、生生互动，形成以学生真实体验、自主探究为主导的课堂新模式。还可以突破学科课堂，走向以道德与法治为主题的项目式学习。例如，通过开展"疫过有晴天，相约共成长""致敬·守护天使""敬畏生命，感恩有你"等主题活动，以项目式学习推动全员思政、全学科思政。

未来的小学道德与法治可以着力打造以下几种课堂形式。

### 1. 触动心灵、启发心智的课堂

这样的课堂如同一粒小石微微激起清泉的涟漪，于无声中激发学生的情感；如同一场令人回味的电影，剧终仍久久触动学生的心灵；如同一位智者娓娓道来，虽是只言片语，但能够启迪学生的智慧；如同一朵清香萦绕的花朵，默默滋养学生的精神。这就要求教师引导学生对物、事、人、行为、细节等进行思考，通过深入的思考，探索现象和问题背后的成因和后果，从中获得深刻的感受和独特的感悟；引导学生在不断的思维碰撞中修正错误的想法，形成正确的道德认识。

### 2. 诱发感悟、升华情感的课堂

这样的课堂是充满情意和温暖的，能拉近道德与法治和学生的距离，让原本冰冷、生硬的道德与法治走进学生的内心，触动他们的心灵，调动他们的情感，从而转化为对道德与法治的自觉认同与接受。这就要求教师必须引导学生在情境中获得切身体验，并主动地对外部信息进行选择、加工和处理，从而巩固、升华内在情感，在潜移默化中让学生的道德情感变得丰厚有力、经久不衰。

### 3. 回归本真、夯实行动的课堂

这样的课堂要回归现实，最终要利用"积极的情感推动着意志行动的实现"。德，不可以空谈，要让道德入学生的脑和心，这就要求教师指导学生在生活中学以致用，从学校课程教育拓展至课外实践教育，由校园教育深入扩展到家庭和社会教育，促使思想教育向行为培养和道德养成等纵深方向发展。

## （三）教学评价知行合一

传统的思政教育反馈滞后，学生不易得到及时鼓励。所以，我们所倡导的新样态小学道德与法治课堂教学一定要切合学生的生活实际。

### 1. 关注评价过程

针对学生在各种活动中的表现进行评价，关注评价的激励和改进功能。

### 2. 采用多元评价

强调道德与法治的去学科化，弱化对学生知识点掌握程度的考查，评价应该重视学生行为背后的教育价值。

### 3. 回归儿童生活

紧密切合学生生活实际进行知行合一的评价。例如，作息时间计划的制订、劳动教育的落实、人际交往的效果、遵守规则的情况、升旗仪式的表现、卫生习惯的执行等。

## 第三节　小学道德与法治学科体验式教学形态

小学道德与法治课程内容很少涉及抽象的概念知识和哲学问题，非常贴近小学生所熟悉的日常生活，很多内容都是学生在日常生活中可能遇到的情景，其教学的目的在于引导小学生用所学知识和道理规范自己的言行举止，从而成为一名合格的公民。但在实际教学中，如果教师照本宣科，学生在学习时可能会觉得有些枯燥，提不起学习兴趣，道德与法治课教学的效果自然就会受到很大的影响。

小学道德与法治的课堂改革很重要的一个方面就是教学方式的改革创新。在教学方式的运用上，很多基层教师选择了体验式教学法。体验式教学可以重现小学生熟悉的生活情境，通过亲身体验，引导学生树立正确的思想观念，形成良好的学科素养，进而有效解决道德与法治课堂教学理论与实际相脱节的问题。目前看来，这是比较有效、可行的教学方法。

### 一、体验式学习在小学道法课程中的应用价值

体验式学习是以学生作为学习主体，让学生亲自参与或置身某种情境、活动，通过感受、实践、体验等获得知识、技能、情感的过程。体验式学习主要的教育哲学及理论基础是著名思想家让－雅克·卢梭（Jean-Jacques Rousseau）提出的"体验教学就是要以行求知"，杜威倡导的"做中学"，社会心理学家大卫·库伯（David Kolb）的"体验式学习圈"，认知心理学家让·皮亚杰（Jean Piaget）的"发生认识论"。库伯的"体验式学习圈"明确将体验学习划分为"具体经验""反思观察""抽象概括""主动实践"四个阶段，每个阶段逐层递进并相互关联形成体验学习环形结构。[①] 体验式学习注重为学习者提供真实或模拟的情境和活动，让学习者充分参与人际活动来获得个人的经验、感受并进行交流和分享，然后通过反思再总结并提升为理论或成果，最后将理论或成果应用到实践中。

体验式学习由教师创设情景，引导学生进行互动，强调师生的双边情感体验，将整个互动的过程变成师生间信息交换的过程，也变成增进师生情感的交流过程。体验式教学方式可以让课堂摆脱传统教学模式下学生学习枯燥的弊端，增进学生的学习兴趣，提升其学习欲望。在学生学习内驱力的作用下，道

---

[①] 向有松. 基于小学道德与法治体验式教学的实践探索[J]. 华夏教师，2022（19）：91–93.

德与法治课程的学习效果自然得以有效提升。

### （一）体验式学习促进人格发展

新课标重视通过生活体验培养学生的优秀道德品质，认为儿童品德的形成源于他们对生活的体验、认识和感悟。教师在道德与法治课程教学中注重联系书本知识与学生的具体生活，在教学中创设学生易于接受的具体情境，利用情感调节的手段，将课本知识与学生的生活联系起来，让知识学习回归到生活当中，从而更好地完善小学阶段学生对社会道德的认知，丰富学生的道德情感，让学生对生活中的道德有所感受，促进学生人格发展。[①]

### （二）体验式学习改善心智模式

心智模式是指深植于人们心中的对周围及世界的看法，以及基于这种看法而采取的行动。彼得·圣吉关于心智模式的研究认为，人们常常以自己的观念和假设来看世界，很多时候是透过自己的"过滤眼镜"去诠释和认定外在世界，其实看到的只是自己的假设，然而人们却把它当成真实的世界。体验式学习关注的就是人改变的根本动因——根植于心中的观念，并且从操作层面观察和改善人们的心智模式，当心中的观念改变时，行为就会得到改善，成果自然彰显。

### （三）体验式学习激发个体潜能

体验式学习的教育宗旨是让每个学生学会向内学习，向内发掘潜能，发现影响自身创造和发展的盲点、障碍，把那些平时自己认为的"不行""不可能"等负面的想法清理掉，将每个人身上的能量最大限度地发挥出来，由内向外不断地挑战自我，不断地跟自己说"我还能想到其他办法吗""我是不是能做得更好"等，在真实体验中找到更多解决问题的通道，更大限度地发挥自己的综合能力，为个人的持续成长提供不竭的动力。

体验式学习是一种符合课改理念和学生身心发展的教学方式，它关注的是学生亲身的经历和体验，强调的是学生自我的感悟和实践。它的重要价值在于珍视学生独有的生活体验，重视学生内心的真实感受，以形成学生自我发展的原动力，使学生在更广阔的空间和更高的层次上积极主动地自我发展。

---

① 吴兰凤. 探讨小学《道德与法治》课体验式教学的实施策略［J］. 文理导航，2017（36）：91.

## 二、体验式学习的体验方式

在教学过程中,体验式学习的体验方式大致有以下几种。

### (一)游戏式体验

游戏是学生热爱的学习方式。新课标提倡以学生的生活为主要源泉,以密切联系学生生活的主题活动或游戏为载体,引导学生主动求知、主动发展。游戏式体验寓教于乐,将学生的生活与学习巧妙结合,教师教得活泼,学生学得轻松,课堂优质高效,对培养学生的情感认知、体验集体的乐趣、学习知识、理解规则等都有着积极的作用。

### (二)操作式体验

道德与法治学科面向的是学生的整个生活世界,是一门开放性学科,课堂不能只局限于教室,应该扩展到家庭、社区以及学生的整个生活空间。教师要善于创造性地利用教材,为学生提供更多的学习资源,创设更多的体验活动。如结合学科教学内容和学生生活特点,设计"家务小能手"等操作性活动,让学生在动手实践中习得技能,获得感悟。

### (三)观赏式体验

这是以学生的观察欣赏、体验感悟为主要学习方式的体验活动。教师在教学中选取与教学内容息息相关的、能够给学生带来情感反应的图片、歌曲、文字、视频等资料,使学生在观看过程中产生情感体验,升华道德认知。

### (四)角色扮演式体验

在教学过程中,教师围绕教学目标,根据教学内容为学生设计相关的问题情境,让学生扮演其中的某个角色,使学生在问题情境中体会人物角色的情感变化或价值冲突。教师在学生角色扮演过程中,适时提出问题引发思考,使学生学会换位思考,激发同理心,增强道德判断能力,促进学生人格的自我完善和正确价值观的形成,学会与人交往的正确方式,并能根据生活中的实际情况做出合理的选择。

# 第二章 教育戏剧与道法学科的融合

## 第一节 教育戏剧的起源与发展

将戏剧作为一种学习媒介应用于教育,最早来源于法国思想家卢梭的"在实践中学习"和"在戏剧实践中学习"两个教育理念。之后,美国教育家约翰·杜威(John Dewey)提出实作学习理论,开始运用戏剧教学的方式进行教学实验。1930年,美国戏剧教育家瓦尔德根据自己的实践提出"创造性戏剧教学方法"。随后,欧美学界开始广泛探索研究教育戏剧存在的理论基础和其应用于教学实践的基本原则及方法。20世纪末,戏剧被英、美等国家正式纳入学校课程,并逐步建立起完整的教育戏剧体系。

### 一、教育戏剧在国外的发展

教育戏剧在国外的发展大致可以分为四个阶段:前研究阶段(古希腊时期至1911年)、理论初创阶段(1912—1969年)、理论成熟阶段(1970—2005年)、蓬勃发展阶段(2006年至今)。

(一)前研究阶段(古希腊时期至1911年)

西方具有悠久的戏剧艺术发展传统,古希腊时期的三大戏剧家埃斯库罗斯(Aeschylus)、索福克勒斯(Sophocles)和欧里庇得斯(Euripides)将戏剧从祭祀仪式中分离出来,使其成为独立的艺术形式。由于古希腊戏剧很多通过对悲剧英雄人物的塑造来向民众传播不怕牺牲和勇于进取的英雄精神,在中世纪时期,罗马天主教会就在修道院学校中引入戏剧形式,通过表演《圣经》故事的方式开展宗教教育。

20世纪初,法国思想家卢梭"以孩子为中心"和"自我发现"的教育理念以及美国教育家杜威的"做中学"的教育理念在教育界被广为接纳和应用。杜威还曾经在其创办的杜威学校开展过"戏剧性游戏"教育实验课,在日常课程中鼓励孩子以即兴表演的方式开展学习活动。受新的教育理念的影响,教育工作者开始意识到戏剧在教育中的重要性,哈丽特·芬利-强森(Harriet

Finlay-Johnson）等教育工作者开始探索戏剧化教学。强森的著作《教学的戏剧化方式》一直被视为教育戏剧研究的开山之作。1906 年，埃尔西·福格尔特（Elsie Fogerty）建立了中央演讲与戏剧学院，在私立学校通过戏剧进行语言教学。

在前研究阶段，教育戏剧的探索活动虽已名副其实，但尚未明确提出教育戏剧（Educational Drama）或戏剧教学法（Drama in Education）的概念。

### （二）理论初创阶段（1912—1969 年）

现代教育戏剧理论研究发端于英国，英国小学教师哈丽特·芬利–强森（Harriet Finlay-Johnson）最早在小学的教学活动中将课程主题戏剧化。1911 年，她出版了《教学的戏剧化方式》，该书被教育戏剧理论界认为是第一本介绍在学校教育中应用戏剧方法开展教学工作的著作。英国教育家亨利·考德威尔·库克（Henry Caldwell Cook）总结了自己在英国剑桥佩斯学校采用表演与游戏相结合的戏剧教学法进行英语课程教学的经验，并于 1917 年出版了《游戏方法》一书。紧随此二人，教育戏剧这种教学方法很快风行于英国公立小学。

教育戏剧在发展的初期仅仅局限于小学教育领域，直到 20 世纪 20 年代，教育戏剧逐渐拓展到中学教育和教师培训领域。由于教育戏剧这种体验式学习方式与这一时期欧洲的"新教育"教育理念十分契合，因此，越来越多的教师愿意将这种学习方式应用到自己的课堂之中。在这一时期，英国出现了以为教师培训教育戏剧这种教学方式为主的私立罗斯布鲁福特学院（Rose Brufoed College）。1956 年，荷兰的万达·瑞莫（Wanda Reumer）创建了第一所专注于教育戏剧的师范学院，吸引了欧洲无数学生云集于此学习教育戏剧的理论与教学方法。

1954 年，英国首位学校教育戏剧顾问彼德·史莱德（Peter Slade）在其著作《儿童戏剧》一书中用"投射性扮演"和"人物性扮演"两个概念详细描述了儿童在教育戏剧中独特的学习过程。此后，布莱恩·威（Brian Way）在《通过戏剧发展》一书中提出，教育戏剧的开展是为了让学生经历一个过程而非以戏剧展演作为教学目标。这两本著作为教育戏剧进入正规的学校教育体系奠定了深厚的理论基础。

这一时期，美国教育戏剧的开拓者是小学教师威妮弗雷德·沃德（Winifred Ward）。她于 1930 出版了《创造性戏剧活动》一书，书中首先使用创造性戏剧（Creative Drama）这一概念，这本书很快成为全美中小学戏剧教育的基础性教材。沃德的创造性戏剧理论更多地强调让儿童在"创造"中建构概念，后来成为美国教育戏剧的主流理论。至 1955 年，全美已有 92 所学校开设了创造性戏剧课程。

## （三）理论成熟阶段（1970—2005年）

20世纪70年代起，英美涌现出一大批教育戏剧的研究学者，推动了教育戏剧理论逐渐走向成熟。此时的学者普遍关心社会生活与学习的关系，认为教育戏剧可以为学生提供在不同的戏剧情境中思考与体验人与自我以及社会议题的机会，进而发展批判性思维与解决问题的能力。

在英国，多萝西·希思科特（Dorothy Heathcote）认为，戏剧应该作为一种教学媒介，让学生如身临其境，从而达到教育的目的，其强调的专家外衣（Mantle of the Expert）、教师入戏（Teacher-in-role）等教学方法被教育戏剧界广泛采用。盖文·鲍通（Gavin Bolton）在《通向戏剧教学法的理论》（Towards a Theory of Drama in Education）和《戏剧作为教育》两本书中对教育戏剧理论进行了系统梳理，使之形成完整的理论体系。他提出教育戏剧主要有四种教学形式：练习（Exercise）、戏剧性扮演（Dramatic Play）、剧场（Theatre）和以戏剧来理解（Drama for Understanding），在开展教育戏剧活动时可以根据具体情况选择不同的教学形式。1992年，英国议会通过的《教育法》将戏剧纳入英语课程学习领域。英国艾斯特大学（University of Exeter）的约翰·萨默斯（John Somers）教授在其所著《课程中的戏剧》一书中提出教育戏剧不仅是一种教学方法，其本质是使学习者具备应用的能力，因此，教育戏剧还可以应用到跨科目的主题统整教学与单科主题教学之中。

在美国，创造性戏剧理论与实践也有了一定的发展。美国华盛顿大学的杰拉尔丁·布莱恩·希克斯（Geraldine Brain Siks）认为，创造性戏剧的独特性在于以引导孩子开发一出戏剧的过程（Process）为中心，帮助孩子在过程中获得概念、得到启发。西北大学的安·瑟曼（Ann Thurman）指出教育戏剧可以激发学生的批判性思维。在众多教育戏剧研究者的推动下，1994年，美国国会通过的《2000年目标：美国教育法》明确规定了将中小学通识教育戏剧纳入与英语、数学、历史、科学等课程并列的国家教育核心课程体系。

## （四）蓬勃发展阶段（2006年至今）

2006年以后，教育戏剧的理论研究与应用蓬勃发展。美国的奈莉·麦凯瑟琳（Nellie McCaslin）教授提出了教育戏剧的七大目标：创意和审美发展、批判性思维能力、社会性成长以及与他人合作的能力、改善沟通技巧、道德和精神品质的发展、自我认知、理解和欣赏其他文化背景和价值观。英国学者乔·温斯顿（Joe Winston）重点探讨了儿童戏剧对于德育的重要价值与实施路径。澳大利亚的约翰·奥图尔（John O'Toole）探讨了教育戏剧工作者的角色。爱尔兰的卡梅尔·奥沙利文（Carmel O'Sullivan）重点关注早期教育和特殊教育领域的教育戏剧开展方式与作用。

在此阶段，教育戏剧还吸引了心理学、社会学、神经科学等学科学者的广泛关注。除英、美之外，很多国家以法律条文的方式将戏剧纳入中小学国家课程体系，英国和美国也在原有立法的基础上对中小学教育戏剧进一步进行规范。

## 二、教育戏剧在国内的研究现状

教育戏剧在我国也有近20年的发展历程，近年来逐渐得到教育界和戏剧界的广泛关注，甚至成为全国很多学校推进美育教学、落实学校教学改革的重要路径。

20世纪初，张伯苓参考借鉴西方教育理念，将戏剧原理同我国高校教育结合起来，开始了在教育教学过程中运用戏剧形式的尝试实验，不过这一实验并未持续下来。20世纪七八十年代，我国港台地区引进了教育戏剧这一教学方法，至今已有不少成绩。

改革开放之后，素质教育理念逐步推广，并深入人心，加上我国港台地区和国外教育理论和思想的影响，教育戏剧活动逐步被引进我国内地教育领域，得到了越来越多人的关注。我国早期对教育戏剧开展的研究主要是基于推广这一教学方法展开的，大部分研究人员都指出教育戏剧能够显著增强学生对学习内容的兴趣，能够更好地帮助孩子认识自我和发展想象力。

在国内，真正开始研究并推广教育戏剧的是上海戏剧学院的李婴宁。1995年，李婴宁作为代表参加了第二届国际教育戏剧联盟会议，开始极力推广这一教学方法和教学模式。她对"教育戏剧"和"戏剧教育"两个概念进行了比较全面的阐述，并从活动层面将教育戏剧定义为"面向青少年的素质、人格教育，融汇于课堂和课余的戏剧活动"。①

从现有的文献分析，我国的教育戏剧研究虽然与西方的相关研究相比起步较晚，但近几年发展较快，公开发表的论文数量也明显增加。从研究主题来看，这些论文的关注点逐渐从"理论探讨"向"学科应用"过渡，与中小学课堂教学的联系越来越紧密。这些都表明，教育戏剧在中小学课堂教学中受到了越来越多的关注与重视。2001年教育部编订的《艺术课程标准》提倡在中小学教育体系中增加戏剧教学内容，这是我国中小学课程体系首次纳入戏剧内容。

---

① 李婴宁."教育性戏剧"在中国[J].艺术评论，2013（9）：49-52.

整体来看，目前我国对于教育戏剧开展的教学实践多数出现在学科教学中，另外还有一些研究人员在学前教育、中小学教育和高等教育阶段也开展了戏剧游戏、课本剧及校园剧等丰富的教学实践研究，有一部分研究人员则将戏剧教学和教师培养结合起来进行探讨。

近年来，教育戏剧教学实践在我国各地都实现了快速发展，大量一线教师在其教学实践中纷纷引进尝试这一教学方法，涌现了一大批实践成果和可行的教育教学模式，从学前教育到高等教育都有大量的教学戏剧实践应用案例，其中比较典型的有上海东华小学的"戏剧3+3"模式等。

# 第二节　教育戏剧的概念与特征

教育戏剧是最为综合的艺术形式，是通过角色扮演、创编故事、演示事件等一系列互动式戏剧手段打造的体验式教学。它关注想象、创新与合作能力的培养，强调个体与集体的关系。它鼓励参与者充分调动自我意识，主动与外界沟通和接触，并在指导者的积极引导下，充分发挥想象力去表达、去实践，最终使学习者获得美的感悟，提升才干与技能。

## 一、教育戏剧的概念

如果按照价值取向进行区分，教育戏剧的概念大致可以分为两类：一类以过程为取向，把戏剧作为教育的媒介和手段；一类以结果为取向，重视戏剧呈现，追求戏剧的艺术价值。下面从两种取向中选取三种典型概念进行简要介绍，分别是创造性戏剧、戏剧教学法和教育剧场，前二者侧重过程，最后一种倾向结果。[①]

创造性戏剧（Creative Drama）是美国教育戏剧界的主流。20世纪20年代，美国西北语言大学教师威妮弗雷德·沃德（Winifred Ward）将创造力教学理论与剧场艺术结合起来，开展创造性戏剧的实践，对全美教育产生了很大影响。美国教育戏剧家贝蒂·简·瓦格纳（Betty Jane Wagner）分析了沃德的作品之后，指出在创造性戏剧中，学生通常首先进行某种热身运动，然后用各种各样的技巧来演绎故事或诗歌，技巧包括动作、姿态、即兴表演和角色扮

---

① 池夏冰，董蓓菲. 教育戏剧在语文课程中的功能与路径 [J]. 基础教育, 2017 (6): 58-66.

演,瓦格纳认为扮演故事是它的核心。①

戏剧教学法(Drama in Education,简称 DIE)是英国教育戏剧界的主流,受到加拿大和澳大利亚教育家的关注。盖文·鲍通在1979年出版的《通向戏剧教学法理论》一书中第一次提出这个概念,他指出"戏剧教学法主要是学习者在情感和认知评价上的改变。基于戏剧是作为主观与客观的学习所用,相关概念的价值判断就在其中建立起来"②。而后,瓦格纳(Wagner)提供了更完整的描述:在戏剧教学法中,起点通常是学生需要了解的一个领域。它不太重视故事和人物的发展,更加重视问题的解决。通过仪式、戏剧化的遭遇(Dramatic Encounter)、手势、场面(参与者身体的静态图片)、角色写作和反思,参与者进入想象中的人物的心灵,回应挑战和危机。有经验的 DIE 教师经常通过扮演角色来发起或推动戏剧,让参与者以一种真实和可信的方式回应困境,从而制造紧张的局势。③

戏剧教学法是美国创造性戏剧的英国版,二者的相同之处在于都重视自发即席参与的过程而非排演之后呈现的结果。差异在于创造性戏剧更加重视创造力的培养,而戏剧教学法希望借戏剧这个媒介来引发儿童对相关议题的深度了解和探讨,参与者在戏剧教学中要解决问题并建立价值观。

不同于以上两种教育戏剧类型,教育剧场(Theatre in Education,简称 TIE)倾向于呈现结果。教育剧场源于20世纪60年代的英国,是指"将某一特定的教育主题由具有专业知识与表演能力的演员教师编排成戏剧的演出形式,在剧场、校园或教室,提供给某一特定团体或学生观众欣赏,引起他们的兴趣与注意,在演出中或演出后参与共同的讨论,使观众对该项目主题能更深入思考与探索,以达到教育的目的"④。在教育剧场中,戏剧更具"专业"的色彩,其剧本精心结构化,且运用场景、时间、音乐、道具等"剧场的效果",参与人员除了教师与学生之外,还包含专业演员,教育剧场是一个半天或者全天的工作坊。

"教育戏剧"是从西方引入的一个概念,国内学者在使用"教育戏剧"时,通常指称"Drama in Education",主要是指将戏剧作为一种学习媒介应用于教育中。我国学者李婴宁从活动层面将教育戏剧定义为"面向青少年的素质、人格教育,融汇于课堂和课余的戏剧活动",也就是说,教育戏剧是运用

---

① Wagner B. J. Educational Drama and Language Arts: What Research Shows [M]. Portsmouth, NH: Heinemann, 1998.
② 张晓华. 教育戏剧理论与发展 [M]. 台北:心理出版社,2004:17.
③ Wagner B. J. Educational Drama and Language Arts: What Research Shows [M]. Portsmouth, NH: Heinemann, 1998.
④ 张晓华. 创作性戏剧教学原理与实作 [M]. 上海:上海书店出版社,2011:269-270.

戏剧与剧场技巧从事教育的一个课程门类和方式,它以人的活动天性为依据,在"导演"有计划的指导下,采用即兴表演、角色扮演、肢体模仿、观察、游戏等方法,引导参与者在互动中发挥想象与表达思想,在实践中学习。[①] 教育戏剧主张抛弃学习的被动性、统一性与个人化倾向,强调学习的主动性、活动性、情境性与协同性,将学习定义为意义与关系的建构。

## 二、教育戏剧与戏剧教育

虽然教育戏剧的概念已经明确,但在理论和实践中依然普遍存在难以区分戏剧教育和教育戏剧的问题。戏剧教育侧重于表演技能和戏剧知识,教育戏剧侧重于教育内容的思想性,关注的是人在戏剧过程中的成长,旨在借用戏剧途径使人在认知学习、个性与社会性等方面获得发展。教育戏剧和戏剧教育的不同点主要存在于如下几个方面。

一是就教育目的而言,教育戏剧的目的在于培养全面发展的个体,其对学生的培养是全方面的;而戏剧教育对学生的培养是单方面的,也就是注重培养戏剧专业人才。

二是就教师而言,拥有教育戏剧素养的教师能成为教育戏剧的教育者,而拥有专业戏剧技能的教师则能成为戏剧教育的教育者。

三是就教育对象而言,以所有学生为教育对象的是教育戏剧;以戏剧专业学生为教育对象的是戏剧教育,这些戏剧专业的学生未来可能成为戏剧行业的从业者。

四是就教育内容而言,教育戏剧以学科性知识和社会性认知为教育内容,戏剧教育则以台词等专业戏剧元素为教学内容。

五是就教育方式而言,在开展教学活动时,教育戏剧本身就是一种教学方式,而戏剧教育主要采取的教育方式是戏剧专业独有的系统训练。

六是就教育场所而言,教育戏剧主要发生在普通中小学,戏剧教育则主要发生在专业的戏剧院校。

## 三、教育戏剧的课程要素与教学过程

(一)教育戏剧课程的构成要素

教育戏剧课程的构成要素主要包括以下四点。

---

① 张生泉. 论"教育戏剧"的理念 [J]. 上海戏剧学院学报, 2009 (3): 26-34.

(1) 目标。使学习者通过虚构的戏剧内容和事件,实现跨学科学习的目的以及艺术本体的学习目标。

(2) 学习主题。教师通过戏剧来引导学生演练、讨论或阐释某个论点或事件,主题必须是整个戏剧活动的焦点。

(3) 内容。一种结合事实与虚构的戏剧情节所创造出来的事件或故事。

(4) 角色。在各情节中参与者所扮演的各种人物,学生与教师常需扮演多种不同的角色。

在课堂上,教师必须非常清楚本节课的主要问题、学习机会、学习目标以及围绕这三个核心问题的资源配置、空间布局、角色分配,而最终的故事是由教师和学生共同讨论、反复排练形成的,没有既定的剧本。

### (二) 教育戏剧课程的教学过程

教育戏剧的教学过程一般分热身、操作和结束三个阶段。

(1) 热身。教师设定情境或者提出问题,然后用游戏的方式带领学生进行热身,热身的内容和形式与主体戏剧活动或本节课的活动目标相关联。

(2) 操作。教师在情境中提出焦点问题,要求学生在戏剧场景中给出解决方案。在表演之前,教师必须组织学生进行讨论,包括角色、人物、事件、空间关系等,讨论得越具体越好。在表演阶段,教师指定或者学生自行确定角色,精心编排剧情,每轮表演之后角色互换,这样学生就可以逐步理解不同的角色和观点。

(3) 结束。小组讨论、分享感受和总结,帮助学生更好地理解课程内容。

## 四、教育戏剧的实践效果

教育戏剧是建构主义理论下的有效学习方式,通过实证研究有助于研究者探索戏剧环境下学生的学习机制,反映教育戏剧的实践成果,为教育戏剧在学校中的有效开展提供确凿的依据。

### (一) 教育戏剧对学生社会性发展的影响

教育戏剧对参与者社会交往技能培养及人际关系建立的重视是其他任何干预方式都无法比拟的,它统合各类感官,发展儿童的沟通技巧,帮助学生学会表达、解释与判断自己的想法和问题。[①] 理查德·沃尔什-鲍尔斯(Richard

---

① Kempe A. Developing Social Skills in Autistic Children through Relaxed Performances [J]. Support for Learning, 2015, 29 (3): 261-274.

Walsh-Bowers)等人采用单组前后测的实验设计,报告了15周戏剧活动后学生在合作、倾听、解决分歧、共情等人际关系技巧方面的进步;① 杜伊古·塞廷戈兹(Duygu Çetingöz)采用双组前后测实验,考察了24个戏剧活动对6岁儿童社交技能的影响,结果发现:实验组在《社会技能评估量表》上的总得分与人际交往、管理愤怒行为、应对同伴压力、自我控制、语言解释、接受结果、倾听、确立目标、完成任务9个分量表上的得分显著高于控制组。② 国外关于教育戏剧对参与者社会性发展、改善问题行为、促进同伴交往等方面的实证研究较多,研究结果均表明教育戏剧对个体社会性发展具有积极作用。③

## (二)教育戏剧对学生学业水平的影响

在人类发展的过程中,戏剧是一种自然的学习方法,它所包含的要素,如模仿、想象、扮演、分析与解释等,均是学习中最有价值的素材。④ 在西方国家,教育戏剧适用于学前教育到研究生教育的各个阶段,涉及社会研究、历史、数学、艺术、外语、价值观教育、教师培训等领域,教师、督查人员、行政人员以及来自各个层次的学生均可参与其中并受益。⑤ 例如,以角色扮演的方式开展三角函数教学的研究结果显示,基于戏剧的数学教学可提升学生的学业成绩。除此之外,教育戏剧对图形几何的学习、数学学习的态度、数学学习的焦虑等均有积极的影响。亚塞明·塞贡(Yasemin Şengün)等人通过双组前后测实验,考察教育戏剧对四年级学生写作的促进作用,研究结果显示:在富有创意的戏剧活动中,行动、语言、聆听、视觉阅读和小组合作增加了个体对写作的信心与动机,行动背后的认知、情感、语言与思想元素帮助学生从不同的角度对写作内容进行反思,发展不同的思维方式。⑥ 此外,在西方的相关实践中,教育戏剧在对帮助参与者更好地掌握科学学习中的概念、科学本质以及

---

① Walsh-bowers R. Basso R. Improving Early Adolescents' Peer Relations through Classroom Creative Drama: An Integrated Approach [J]. Social Work in Education,1999,21(1):23-32.

② Çetingöz D. The Effects of Creative Drama Activities on Social Skills Acquisition of Children Aged Six [J]. Cukurova University Faculty of Education Journal,2012,41(2):54-66.

③ Erbay F,Doğru S. Y. The Effectiveness of Creative Drama Education on the Teaching of Social Communication Skills in Mainstreamed Students [J]. Procedia Social and Behavioral Sciences,2010,2(2):4475-4479.

④ Landy R. Handbook of Educational Drama and Theatre [M]. Wesport:Greenwood,1982:79-80.

⑤ Kırmızı F. S. The Effect of Creative Drama and Creative Writing Activities on Creative Writing Achievement [J]. Education and Science,2015,40(181):93-115.

⑥ Şengün Y,İskenderoğlua T. A Review of Creative Drama Studies in Math Education:Aim,Data Collection,Data Analyses,Sample and Conclusions of Studies [J]. Procedia Social and Behavioral Sciences,2010(9):1214-1219.

科学与社会的关系等方面也具有积极的促进意义。①

戏剧兼容并包的"柔软性"决定了不同文化背景下教育戏剧教学模式的差异与创新,但各教学模式在问题解决的目标性导向,关注参与者合作、分享、协同的学习方式以及戏剧活动在游戏属性等方面也存在一定的相似之处。在教学实践中,教师可以根据学习内容、教学目标以及学生的身心发展特点,灵活选取适宜的戏剧教学模式或不同模式中的精华部分进行综合使用。无论采用何种模式,教育戏剧在打造学生学习共同体与培养学生综合素养方面均具有显著的价值。

# 第三节 教育戏剧在小学道法课程中的实践意义

## 一、教育戏剧创新道德与法治学习方式

一直以来,学生的学习方式是道德与法治课程研究关注的重点与难点。以"课堂听讲"和"被动接受"为主要特征的传统道德与法治学习方式越来越受到一线教师和学生的诟病与排斥。为了进一步改善道德与法治课堂教学效果,切实提升学生的核心素养水平,创新教育方式势在必行。

教育戏剧侧重于教育内容的思想性,关注的是人在戏剧过程中的成长,旨在借用戏剧途径推进人在认知学习、个性与社会性等方面获得发展。研究表明,教育戏剧可为人们提供宽松,有趣,不断自我检验、自我激励的环境,可以提高人们的沟通力、表达力、自尊感和荣誉感。这些心理能力和道德感的形成,为青少年品德大厦的构建提供了有力的支撑。由此可见,教育戏剧的初衷和效果与中小学道德与法治课程的理念和宗旨是不谋而合的。

实践经验表明,道德与法治课程的有效实施需要学习者的主体参与和自主体验。教育戏剧的内容具有游戏性、情境性、团体性等特点,满足了青少年求新、求活、求变的心理特征。教育戏剧中的角色扮演和情景情感体验的作用,可以自然发挥出育人的功能。进行教育戏剧过程的实质就是自我体验、自我认知、自我教育的过程,相比于无力、无趣的说教,教育戏剧更有新鲜感和吸引力,能迅速地感染学生、赢得学生的关注。通过体验式、预习性、全员参与式学习等方式,教育戏剧有效解决了教育中认知、行为与情感脱节,道德培养过

---

① Ødegaard M. Dramatic Science: A Critical Review of Drama in Science Education [J]. Studies in Science Education, 2003, 39 (1): 75-101.

程与情感体验脱节的难题。①

（一）"情境仿似"的体验式学习

情境是人产生行为的外部条件和诱因。教育戏剧就是让参与者自己编、导、演、创，讲述"故事"，创设情境，让参与者在"信以为真"的情境中，通过情绪投入、角色扮演来设身处地地感知他人情绪，理解他人处境，促使参与者产生移情体验。教育戏剧中的人物对话、表情意识、动作姿态、虚拟场景等都是通过使人身临其境而达到感同身受的效果，没有这种直观、切身的体验就无法感受到潜移默化的教育效果。比如，以往的"诚信考试"教育活动中，大多采用宣读文件、制作黑板报、召开主题班会等形式，而在教育戏剧中通过设置考试中面临道德抉择的真实情境，采用教育戏剧中"坐针毡"策略，让学生扮演考试舞弊的角色，接受"审问"，能展现参与者在面对"考规"与"友情"之时的迷茫与挣扎，使学生获得切身的道德体验，激发道德情感，引导学生做出道德思考和价值判断，从而深刻理解"诚信"的重要意义。这种潜藏主题、注重体验的教育方式与传统枯燥的说教大相径庭，比直接宣教更利于学生接受。

（二）心理认知模拟的预习性学习

教育戏剧是一种"形式挪前"的学习。角色扮演是其表现方式之一，它可让个体通过他人的态度来感知自己的表现。教育戏剧运用故事情节来模拟人生中可能遭遇的各种境况，参与者以自己的想象、观察或经验，模拟、扮演某一个规定情境下的人物，以动作、语言模拟或运用道具来表达该角色的人物性格、思想感情、人生经历等特质，从而将参与者置于角色所处的情境或问题之内来经历角色的社会性事件。通过运用教育戏剧的方法，教师以"有意识的设计"让学习者进行"无意识的学习"，不是让参与的学生扮演角色，而是让学生主动成为角色，让学生从"他（们）"进入"我（们）"，体验戏剧角色可能做出的各种行为和选择，在扮演戏剧角色的过程中完成预习性学习。

（三）全员参与的实践性合作教学

在教育戏剧中，剧本的编写和舞台的演出都是以合作的方式进行的，团体合作表演是整个戏剧空间的主要存在形式，教育戏剧并不是个别优秀学生展示的舞台，而是培养所有学生的创作能力，促进学生的人格成长，引导他们树立正确的世界观、人生观和价值观的方式，给每一个学生提供了充分拓展、表达

---

① 王婷. 教育戏剧——德育育人新范式[J]. 中国戏剧, 2021 (11): 81-82.

和经历的机会。有时候教师也需要参与其中,扮演剧中的某一个角色。教育戏剧以引导性的实践教学为主,它可以模拟现实生活,建构出场景、人物、故事等,采取适合学生年龄特征的活泼的教育方式,让学生在这个虚拟环境里进行实践和学习。这种全员参与的实践模式运用实际锻炼的方法塑造学生的道德行动力量,提升学生的团体协作能力,可使学生在与他人的合作中建立起群体意识和社会责任感,加强人际理解能力,提高协作精神、服务精神,最后达到身心统合。

## 二、教育戏剧的育人价值

教育戏剧是运用戏剧与剧场技巧从事教育的一种方式,它以人的活动天性为依据,在教师有计划的指导下,采用即兴表演、角色扮演、肢体模仿、观察、游戏等方法,引导参与者在互动中发挥想象与表达思想,在做中学。它和新课标中倡导的学习方式以及追求的教学效果是相通的。因此,在道德与法治课堂设置课堂小剧场,借助"教师入戏""专家外衣""良心巷"等教育戏剧教学范式,让学生们以个人表演、小组合作演出等形式,通过情境表演开展学习,让学生在体验中感悟、习得、反思,并获得成长。这种学习方式,能够很好地激发学生的学习兴趣,让学生得到更深刻的体验与感悟,达到"润物无声"的育人效果,促进知行合一。

(一)教育戏剧能增强学生的学习兴趣

小学生往往充满能量,喜爱交谈和阐述观点,较容易被直观、具体的事物吸引,但通常不能记住所有自己听到的事情。教育戏剧教学可以引导学生注意观察身边事物。教育戏剧中的戏剧元素可以有效地将教学目标分解成活动,并且通过身体活动消除学习疲惫感,保证学习效率和质量。

(二)教育戏剧促进综合性学习

教育戏剧的实施过程符合学生身心特点以及认知规律,它将书面知识或情感体验转移到学生的合作表演、切身体验中,保证每个学生通过小组合作,多感官投入到学习过程中。教育戏剧更加重视学生在参与过程中的表达、交际,想象力和团队意识的养成,其多样的教学环节和手段保证了知识外显的多样性,同时促进了教育内化,既能有效活跃课堂、提高教学质量,又能在有限时间内全面发展学生素质。

### （三）教育戏剧可提高学生的自尊感和荣誉感

教育戏剧可为学生提供宽松、有趣，不断自我检验、自我激励的环境，可以提高学生的沟通力、表达力、自尊感和荣誉感。这些心理能力和道德感的形成，为青少年品德大厦的构建提供了"钢筋"与"混凝土"。道德与法治课程属于义务教育阶段思想政治教育的范畴，是增进青少年思想政治素质、道德修养和法治素养的综合课程，具有方向性、思想性和实践性。教育戏剧的初衷与效果和道德与法治课程的性质要求不谋而合。

为了更好地了解教育戏剧在道德与法治学科的实施效果，我们组织开展了问卷调查，通过获取充足而可靠的数据与证据反映学生参与教育戏剧课堂的水平维度，从而分析学生对教育戏剧学习方式的喜爱程度。我们对8个教育戏剧实验班做了问卷调查，共发放问卷380份，收回问卷380份。

## 三、教育戏剧在小学道德与法治学科的应用效果

道德与法治课程学习最终指向学生个体的认知和行为，学习者必须要代入角色进行道德认知的自我构建，最后实现知行合一的教育目的。教育戏剧学习是建构主义理论下的有效学习方式，探索戏剧环境下学习机制和模式，是小学道德与法治学科实践最有效的方式之一。道德与法治课程教学强调学生合作、分享、协同的学习方式，这与教育戏剧教学理念高度吻合。在道德与法治课堂常态运用教育戏剧教学模式，对学生社会性发展将产生积极影响。"教育戏剧教学统合各类感官，发展沟通技巧，帮助学生学会表达、解释与判断自己的想法和问题。"同时，教育戏剧对学生学业水平的影响也是明显的。"戏剧是一种自然的学习方法，它所包含的要素，如模仿、想象、扮演、分析与解释等，均是学习中最有价值的素材。"研究结果显示：在小学道德与法治课程实践中，演绎、表达、反思、探究等因素增加了个体学习的信心和动机，这种学习促进了学生认知与思维、情感与行动的发展，培养了学生反思能力，完成了道德认知的自我构建。

整体而言，教育戏剧运用于道德与法治的学习，实现了从"教德"向"学德"的转变。

### （一）教育戏剧学习方式转型激发了学生学习道德与法治知识的兴趣

通过教育戏剧的方式，学生可以在情境中感受和体验道德与法治的原则和价值，增强对道德与法治的理解和记忆。教育戏剧的教学方式也提高了教学的

趣味性和互动性，培养了学生的沟通能力、合作精神和解决问题的能力。此外，教育戏剧的参与对学生的整体发展也有着积极的促进作用，提高了学生的语言表达能力、演技技巧和自主学习能力。因此，教育戏剧学习方式是值得在小学道德与法治学科教学中引入和推广的。

### （二）教育戏剧帮助学生掌握道德与法治知识

研究表明，学生可以通过角色扮演和情境模拟等方式深入了解道德冲突和法治问题，更加深刻地理解相关概念和原则。教育戏剧学习方式的优势在于它能够激发学生的主动性和参与性。通过角色扮演，学生可以充分发挥想象力和创造力，积极参与情景模拟，从而促使学生更加积极地思考和探索道德与法治问题。同时，教育戏剧提供真实的情境和场景，使得学生在参与戏剧活动时能够更容易产生情感共鸣，从情感上更容易接受和理解道德与法治的知识。

### （三）教育戏剧促进学生的道德发展

研究表明，教育戏剧方式可以帮助学生在具体的境遇中进行道德选择和评价，促进学生的道德发展。教育戏剧是一种情境重建的教学方法，能够让学生切实地体验道德与法治问题，在这个过程中激发学生对道德价值的思考，并培养其判断、决策和问题解决能力。这种亲身参与的学习方式使学生更加主动，提高了学生的学习兴趣和积极性。同时，教育戏剧还能通过情景模拟，培养学生的情绪管理能力、合作意识和表达能力，促进学生的社交能力和人际关系的建立。因此，教育戏剧作为一种有效的教育手段，能够激发学生的学习热情，促进学生的道德发展。

为明确教育戏剧学习状态与效果，我们做了一次问卷调查，调查结果见表2-1。

### 小学道德与法治学科教育戏剧学习方式调查问卷

一、基本信息

1. 你的性别：男/女
2. 你的年龄：_____岁
3. 你所在的年级：_____年级

二、学习方式

1. 你目前在道德与法治课堂上的学习方式是什么？（可多选）

A. 课堂听讲

B. 看书自学

C. 网络学习

D. 角色表演

E. 其他（请填写）_____

2. 你觉得现在的学习方式对你掌握道德与法治知识有帮助吗？

    A. 有非常大的帮助

    B. 有一定帮助

    C. 没有帮助

3. 你是否愿意尝试其他学习方式，例如教育戏剧？

    A. 是，我非常愿意尝试

    B. 是，我有些犹豫但还是愿意尝试

    C. 没有兴趣尝试

4. 如果学校提供教育戏剧学习方式，你会参与吗？

    A. 一定会参与

    B. 有可能会参与

    C. 不太可能参与

    D. 一定不会参与

5. 你认为教育戏剧对学习道德与法治有哪些帮助？（可多选）

    A. 提高学习兴趣和动力

    B. 增强合作能力和沟通技巧

    C. 提高创造力和想象力

    D. 增强道德意识和法治观念

    E. 其他（请填写）_____

6. 你觉得在学习道德与法治时，哪些内容适合用教育戏剧的方式学习？（可多选）

    A. 法律法规知识

    B. 社会公德知识

    C. 传统文化知识

    D. 安全知识

    E. 其他（请填写）_____

7. 你希望学校如何开展道德与法治学科的教育戏剧学习方式？（可多选）

    A. 由专业教师进行引导和教学

    B. 组织学生自主参与戏剧创作和表演

    C. 在课堂上进行小组讨论和分享

    D. 其他（请填写）_____

8. 你认为教育戏剧会让你在道德与法治的学习过程中产生哪些变化？（可多选）

    A. 提高学习效率

B. 增强学习动力和兴趣
C. 更好地理解和应用知识
D. 增强情感体验和表达能力
E. 其他（请填写）_____

9. 你对当前的小学道德与法治学习方式有什么建议或意见？请在下方空白处写出。

表2-1 小学道德与法治学科教育戏剧学习方式调查问卷统计表

| | | | |
|---|---|---|---|
| 单选题 | 你觉得现在的学习方式对你掌握道德与法治知识有帮助吗？ | 有非常大的帮助 | 75.64% |
| | | 有一定帮助 | 24.36% |
| | | 没有帮助 | 0% |
| | 你是否愿意用教育戏剧方法来学习？ | 是，我非常愿意尝试 | 89.75% |
| | | 是，我有些犹豫但还是愿意尝试 | 8.97% |
| | | 没有兴趣尝试 | 1.28% |
| | 如果学校提供教育戏剧学习方式，你会参与吗？ | 一定会参与 | 73.08% |
| | | 有可能会参与 | 24.36% |
| | | 不太可能参与 | 2.56% |
| | | 一定不会参与 | 0% |
| 多选题 | 你目前在道德与法治课堂上的学习方式是什么？ | 课堂听讲 | 98.72% |
| | | 看书自学 | 60.26% |
| | | 网络学习 | 69.23% |
| | | 角色表演 | 83.33% |
| | | 其他（请填写） | 25.64% |
| | 你认为教育戏剧对学习道德与法治有哪些帮助？ | 提高学习兴趣和动力 | 96.15% |
| | | 增强合作能力和沟通技巧 | 92.31% |
| | | 提高创造力和想象力 | 87.18% |
| | | 增强道德意识和法治观念 | 91.03% |
| | | 其他（请填写） | 1.28% |

续表

| 多选题 | 你觉得在学习道德与法治时,哪些内容适合用教育戏剧的方式学习? | 法律法规知识 | 80.77% |
|---|---|---|---|
| | | 社会公德知识 | 94.87% |
| | | 传统文化知识 | 87.18% |
| | | 安全知识 | 85.90% |
| | | 其他（请填写） | 2.56% |
| | 你希望学校如何开展道德与法治学科的教育戏剧学习方式? | 由专业教师引导和教学 | 94.87% |
| | | 组织学生自主参与戏剧表演和创作 | 92.31% |
| | | 在课堂上进行小组讨论和分享 | 84.61% |
| | | 其他（请填写） | 5.12% |
| | 你认为教育戏剧会让你在道德与法治的学习过程中产生哪些变化? | 提高学习效率 | 91.03% |
| | | 增强学习动力和兴趣 | 97.44% |
| | | 更好地理解和应用知识 | 93.59% |
| | | 增强情感体验和表达能力 | 91.03% |
| | | 其他（请填写） | 1.28% |

调查发现，在小学道德与法治课堂运用教育戏剧学习与以前的学习方式比较有如下不同。

一是学生参与度提高和参与面增大。教育戏剧通过角色扮演和情境模拟等方式让学生深入体验故事情节和人物情感，从而能让学生更好地理解道德与法治的内涵和应用。

二是增强了学生的合作能力和沟通技巧。

三是提高了学生的创造力和想象力。戏剧表演需要学生发挥自己的创造力和想象力，从而更好地完成角色扮演和情境模拟等任务。

四是学生的个性和多元智能得到发展。教育戏剧通过不同的角色扮演和情境模拟等方式让学生发挥自己的优势和特长，更好地实现了学生的个性化发展。

# 第三章 教育戏剧策略与教学模式

## 第一节 教育戏剧策略

### 一、教育戏剧策略分类

在教育戏剧实践中,主要包括以下四类教学策略(表3-1)。

第一,建立情境活动的教学策略。此类活动以建构戏剧所需要的情境为目的,如设计房间、安排家居摆设等。建立情境活动的戏剧教学策略是帮助参与者构建戏剧情境,参与者通过对戏剧情境的创设,了解故事发生的背景、空间信息、环境氛围以及人物特质。

第二,叙事性活动的教学策略。叙事性教学活动是戏剧活动中的关键事件,也可用于介绍或创造新的故事情节。"坐针毡""教师入戏"等叙事性活动教学策略帮助参与者创新戏剧故事的发展走向,检验参与者对故事内涵的理解与评价。

第三,诗化活动的教学策略。诗化活动用于透过文字或身体语言,发展戏剧的象征形态。它可以让参与者超越戏剧的故事情节,表现作品中的艺术符号与意象。诗化活动的教学策略,如"论坛剧场""小组演绎"等,可以引导参与者超越故事情节或跨出现实主义的叙事手法,从不同的角度看待与检视人物特征及事件发生过程等,可将流于故事情节层面的作品演绎出鲜活感。

第四,反思活动的教学策略。反思活动是指戏剧进行中或者结束后,引导学生抽离出演出状态,反思戏剧过程的活动。此类活动的教学策略可以:

(1) 帮助参与者厘清情节思路,对戏剧中的关键要点、角色、核心思想等作出评论,亦可借此深入。

(2) 了解角色人物内心的想法。

(3) 对角色所面临的两难困境提供解决意见。

表 3-1　教育戏剧的教学策略①

| 活动 | 策略 | 具体实施 |
| --- | --- | --- |
| 建立情境活动 | 墙上角色 | 将角色画在黑板或纸上，学生根据此画描述该人物的特征 |
| | 巡回戏剧 | 全班分组，扮演故事中的不同片段，教师入戏进到各组，挑战学生的想法 |
| | 定格画面 | 运用肢体停止的姿势，展示个人或小组希望表达的某一刻的主题概念 |
| | 建构空间 | 采用象征与想象的方式，利用道具等塑造空间，借以表现不同地点 |
| | 见物如人 | 挑选关键性的个人随身物品，借此推论或理解某一角色的性格、特征与行为 |
| | 旁述默剧 | 教师用旁白方式塑造戏剧情境，引导学生根据自己对角色或情境的想象与理解运用肢体动作呈现剧情原貌 |
| 叙事性活动 | "坐针毡" | 角色坐在中间接受其他人询问关于角色的问题，以探索该角色的内心世界 |
| | 教师入戏 | 教师扮演剧中某角色，引发与学生的互动，推动剧情的发展 |
| | "专家外衣" | 学生在戏剧中扮演具有专业知识或技术的"专家"，教师扮演寻求帮助的低姿态角色 |
| | 会议 | 学生以角色身份参与会议，听取新资讯、筹划行动、讨论问题解决方案等 |
| | 电话交谈 | 可以是两人在电话中交谈，也可利用一方的谈话内容推测另一方的情况，以推动后续事件的发生与发展 |
| 诗化活动 | 论坛剧场 | 学生共同讨论处于某一情境的戏剧事件，讨论结束后由一组人进行演绎；在演绎的过程中，一旦有人认为剧情偏离方向，或问题难以解决，可举手示意提出建议、要求重演或取代出现问题的表演者成为新角色 |
| | 仪式 | 学生根据既有的知识和经验，为剧中的角色设计特别的标志性活动 |
| | 小组演绎 | 由小组成员自行设计规划，即兴演出某一假设的事件 |

---

① 王琳琳，邓猛. 西方教育戏剧的发展沿革与实施［J］. 比较教育研究，2019（3）：85-92.

续表

| 活动 | 策略 | 具体实施 |
|---|---|---|
| 反思活动 | "假如我是你" | 戏剧中某一角色正面临重大决定时刻或进退两难的困境时,角色走过排成两行的同学中间,同学以旁观者的角度提出想法或忠告 |
| | "站队" | 将自己站定在某条想象的选择线上,以站立的位置来表达参与者选择的差异与喜好程度,教师要询问选择的理由 |
| | 思绪追踪 | 配合静止画面,当教师触碰某学生的肩膀时,该生说出此时此刻的想法与感受 |
| | "良心巷" | 全班分为两列,中间距离允许一个人经过;让角色穿过"巷子",班上的其他人可在角色经过时说出角色此刻可能有的想法 |
| | 脑海中的声音 | 角色在面对困境或抉择时,其他同学说出隐藏在该角色心中的矛盾想法,观点不同时也可以进行辩论 |

## 二、教育戏剧常用策略解析

(一) 教师入戏

概念:指教师通过扮演特定的角色进入戏剧情境,引导学生参与其中,促进学生对学习内容的理解和增强学生的体验。

作用:教师入戏可以让抽象的道德观念和法治知识变得更加生动、具体,帮助学生更好地理解和感悟。

教师入戏策略运用案例如下。

场景一:在教学"尊重他人"这一主题时,教师可以扮演一个在图书馆中大声喧哗的角色,当被他人提醒后,从不以为意到认识到错误并改正错误。教师在入戏过程中,开始要表现出对他人提醒的反感和不理解,并与学生进行互动,询问学生对自己行为的看法。然后,通过学生扮演的其他角色的引导,让教师所扮演的角色逐渐认识到自己的错误,明白尊重他人、在公共场合保持安静的重要性。

场景二:在讲解"诚实守信"时,教师扮演一个不小心弄坏了同学东西却不敢承认的学生,引发学生讨论这种行为是否正确,以及应该怎么做。在学生的讨论和引导下,教师扮演的角色最终勇敢地承认错误,体现了诚实守信的价值观。

场景三：在教学"团结协作"这一主题时，教师可以扮演一个团队项目的组织者，引导学生扮演团队成员。教师以组织者的角色分配任务，在过程中制造一些小冲突，如任务分配不均、成员之间意见不合等，然后观察学生的反应，引导他们思考如何解决这些问题，从而让学生深刻体会到团结协作的重要性。

场景四：在讲解"关爱他人"时，教师扮演一位行动不便的老人，在校园中遇到各种困难，如上下楼梯困难、拿东西吃力等。学生看到后，自然会产生同情和提供帮助的想法。教师可以借此机会引导学生讨论关爱他人的方式和意义，让学生在真实的情境中学会关爱他人。

教师入戏是教师通过扮演戏剧情景中的某一角色，带领学生进入一种仿真情境的世界，引导剧情的发展和活动的展开。老师通过角色传递一些信息，创作新的情景，并组织学生进入学习，使师生学习融为一体。通过教师入戏，道德与法治的教学会更加生动、有趣，富有感染力，可以让学生更加直观地感受到道德与法治的重要性，从而激发学生的学习兴趣，提高学生参与度，优化教学效果。

（二）定格画面

概念：定格画面，又叫定镜、静止画面，是指运用身体构成一个图画造型。在戏剧情境中，参与者将身体姿势和表情定格在某一个瞬间，展现特定的场景或情境，以凝固的动作表达时刻、观点、主题。

作用：定格画面可以给学生时间想象画面，深入体会角色心理；可以帮助学生更直观地理解和感受故事中的情节、人物关系和情感状态；能够激发学生的创造力、想象力和表现力，同时也可促进学生的团队合作和提高沟通能力。

定格画面策略运用案例如下。

教师在教学"爱护环境"这一主题时，可以这样设计运用定格画面：

（1）教师创设一个公园的场景，通过描述呈现公园原本美丽整洁的样子，突然描述反转——公园现在出现了很多垃圾。

（2）教师提出任务，将学生分成几个小组，每个小组的学生共同讨论并设计一个定格画面来表现公园被垃圾污染后的样子。

（3）学生定格画面：有的小组选择将画面定格于人们随意丢弃垃圾、地面脏乱的场景，几名学生弯腰做出扔垃圾的动作，几名学生站在一旁露出不满的表情；有的小组选择将画面定格于垃圾桶周围堆满垃圾而人们视而不见的场景，几名学生站在垃圾桶旁边，手中拿着垃圾却不往桶里扔，还有一名学生做出无奈摇头的动作。

（4）针对定格画面，教师引导学生讨论定格画面所传达的信息和学生的真实感受，引发学生对爱护环境重要性的思考。

（5）教师再次提出任务，让学生设计一个定格画面来呈现人们齐心协力爱护环境后公园的新面貌。学生们有的将画面定格于**拿着扫帚清理垃圾**，有的将画面定格于站在垃圾桶边进行垃圾分类投放等，每个定格画面中的学生脸上都洋溢着快乐的笑容。

通过定格画面的方式，学生亲身在模拟场景中体验，能更深刻地理解爱护环境的意义。

（三）思绪追踪

概念：通过引导学生深入分析角色的内心想法、情感变化和动机，从而帮助学生更好地理解戏剧情节以及背后所蕴含的主题和价值观。

作用：在思绪追踪的过程中，学生需要运用批判性思维和想象力从不同角度去思考角色的行为和选择，进而加深对主题的感悟和理解。

思绪追踪策略运用案例如下。

学习"网络生活新空间"这一主题时，可以这样运用思绪追踪的策略：

情境创设：一位高年级学生小明最近沉迷于网络游戏，学习成绩下降，还与父母产生了矛盾。

教师引导学生进行思绪追踪。

（1）小明为什么会沉迷于网络游戏？

学生们会帮小明给出种种原因：游戏很有趣；可以在游戏中获得成就感；现实生活中可能比较孤独等。

（2）分析小明沉迷于游戏后的内心感受。

学生的分析：也许他一方面觉得玩游戏很刺激、很开心，但另一方面又会因为成绩下降和父母的批评而感到焦虑和内疚。

（3）小明的父母是怎么想的？

学生代入角色思考：父母可能会担心小明的学习和成长，对小明的沉迷行为感到生气和无奈。

（4）如果你是小明，应该怎么做才能摆脱沉迷于游戏的状态，回归正常的学习和生活？

学生会给出参考方案：合理安排游戏时间；多参与现实中的活动；与父母沟通交流等。

通过这样一层一层推进的思绪追踪，学生们能够更深入地理解沉迷网络的危害，懂得如何正确对待网络，同时也培养了同理心和解决问题的能力。

## （四）"坐针毡"

概念："坐针毡"也被称为焦点人物、热座、提问角色。"坐针毡"是教育戏剧中一种极具互动性和启发性的策略。在这个活动中，选定一个人作为焦点人物坐在"热座"上，代表特定的角色。其他观众可以以自己的身份或者剧中的角色身份向焦点人物提出各种问题。焦点人物必须深入理解所扮演的角色，以该角色的身份、情感和思维方式来回答问题。

作用：能够促使焦点人物更加深入地理解角色的内心世界、动机和行为逻辑，同时也让提问的观众从不同角度去思考角色以及相关的情境和主题，从而提升参与者的批判性思维能力、交流能力和对复杂情境的理解能力。

"坐针毡"策略运用案例如下。

在学习"民主生活"这一主题时，可以这样运用"坐针毡"策略：

（1）场景设定：设定一个班级要进行班干部选举的场景，选择一位学生扮演班长候选人坐在"热座"上。

（2）其他同学开始提问：

"如果你当上了班长，你会怎么处理班级同学之间的矛盾？"

"你觉得班长最重要的品质是什么？"

"如果有同学不服你当班长，你会怎么做？"

（3）扮演班长候选人的学生以角色的身份回答问题。

"如果我当了班长，我会公平公正地了解矛盾的起因，然后组织大家一起商量解决办法。"

"我觉得班长最重要的品质是有责任心，能为大家服务。"

"如果有同学不服我，我会主动和他沟通，听听他的想法，也让他了解我的能力和决心。"

"坐针毡"让学生们可以更深入地理解民主选举中候选人的责任和担当，以及民主生活中如何进行有效的沟通和决策，培养学生的民主意识和参与能力。

## （五）"专家外衣"

概念：让学生扮演特定领域的专家角色，仿佛穿上了一件"专家的外衣"。在这个过程中，学生需要深入研究和理解所扮演专家的专业知识、思维方式、行为特点和价值观念等，通过模仿专家的言行举止，以专家的视角去分析问题，提出解决方案，并与他人进行交流和互动。

作用："专家外衣"是教育戏剧中一种富有创意和启发性的教学策略。这种策略的目的在于激发学生的学习兴趣和主动性，培养他们的批判性思维、创造力、合作能力和表达能力。学生在扮演专家的过程中，不仅能够更深入地理解特定学科领域的知识，还能体验到不同职业的责任和挑战，拓宽视野，增强自信心和自我认知。同时，"专家外衣"策略也有助于打破传统教学模式的局限，营造出积极、活跃的学习氛围，让学生在参与和互动中获得更丰富的学习体验。

"专家外衣"策略运用案例如下。

以"专家外衣"策略学习"保护环境"这一主题，可以这样运用：

（1）学生分组与角色分配。将学生分成若干小组，每个小组分配一个专家角色，如生态学家、环保工程师、政策制定者等。

（2）研究与准备。学生以小组为单位，对所扮演专家的专业知识和背景进行深入研究，包括该领域的核心概念、关键问题、最新发展等。学生可以收集相关资料、制作海报、准备演示文稿等，以便更好地呈现专家的观点和建议。

（3）扮演与展示。各小组学生穿上"专家外衣"，以所扮演专家的身份进行展示和交流。他们可以通过演讲、辩论、模拟会议等形式，分享自己对主题的理解和解决方案。在这个过程中，学生们需要运用专业术语、逻辑推理和证据支持来表达自己的观点。

扮演生态学家的小组可能会从生态平衡的角度分析环境问题，如："作为生态学家，我们知道生态系统是一个复杂的网络，任何一个环节的破坏都可能引发连锁反应。目前的环境污染和资源过度开发已经对许多生态系统造成了严重威胁，我们需要采取紧急措施来保护生物多样性。"

扮演环保工程师的小组可能会提出具体的环保技术和解决方案，如："我们环保工程师致力于开发更高效的污水处理技术和垃圾回收利用方法。比如，可以推广新型的污水处理厂，利用生物技术将污水中的有害物质转化为无害物质。对于垃圾处理，可以加强垃圾分类和回收，减少对环境的污染。"

扮演政策制定者的小组可以从政策层面提出建议，如："作为政策制定者，我们应该制定更加严格的环保法规，加大对污染企业的处罚力度。同时，鼓励企业采用环保技术，给予税收优惠等激励措施。还可以通过教育和宣传，提高公众的环保意识，让大家都参与到环境保护中来。"

（4）反馈与讨论。在各小组展示结束后，教师组织学生进行反馈和讨论。学生们可以对其他小组的表现进行评价，提出问题和建议，进一步深化对主题的理解。教师也可以引导学生反思自己在扮演专家过程中的收获和不足，以及如何将所学知识应用到实际生活中。

（5）总结与拓展。教师对整个活动进行总结，强调重点知识和技能，引导学生将所学内容与实际生活联系起来。同时，教师可以提出一些拓展性的问题或任务，鼓励学生继续深入探索相关主题，培养学生的自主学习能力。

通过"专家外衣"策略，学生们可以更全面地了解环境保护的重要性和各种可行的保护环境的措施，激发学生环境保护的责任感和行动力。

（六）"良心巷"

概念：在一个特定的空间中设置一条"巷子"，学生们依次走过这条巷子。在此过程中，学生会面对不同的角色扮演者所提出的具有挑战性的问题或道德困境，这些问题和困境往往涉及良心、道德选择和价值观，故名"良心巷"。

作用：学生在走过"良心巷"时，需要认真思考每个问题，并根据自己的内心感受和价值观做出回应。这个过程可以激发学生深入思考道德问题，探索自身的价值观，培养学生的批判性思维和道德判断能力。同时，"良心巷"也为学生提供了一个交流和分享观点的平台，促进学生之间的互动和讨论，从而加深对道德和价值观的理解。

"良心巷"策略运用案例如下。

学习"诚实守信"这一主题时，可以运用"良心巷"策略。

（1）设置"良心巷"。选择一个合适的空间，设置成"良心巷"的样子。可以用绳子、彩带等物品划分出一条通道，通道两旁安排学生或教师扮演不同的角色，如同学、老师、家长等。

（2）角色准备。扮演角色的学生或教师提前了解自己所扮演角色的立场和观点，准备好向走过"良心巷"的学生提出问题。

（3）学生走过"良心巷"。学生依次走过"良心巷"，在每个角色面前停留，认真思考角色提出的问题，并给出自己的回答。学生可以根据自己的真实想法回答，也可以尝试从不同的角度思考问题。

在"良心巷"的一端，一个学生扮演捡到钱包的人，他面临着是否归还钱包的抉择。当其他学生走过"良心巷"时，这个学生可以提问："我捡到一个钱包，里面有很多钱，没人看见是我捡的，我可以自己留着吗？"

在巷子中间坐着一个扮演失主的学生，焦急地询问："我的钱包丢了，里面有很重要的东西，你要是捡到了会还给我吗？"

在巷子的另一端坐着一个扮演老师的学生，严肃地说："诚实守信是一种美德，捡到东西应该归还，你会怎么做呢？"

学生们在走过"良心巷"的过程中，需要认真思考这些问题，并根据自己的价值观做出回答。

有的学生可能会说："不能自己留着，要还给失主，因为不是自己的东西不能拿。"

有的学生可能会说:"我会交给老师或者警察,让他们帮忙找到失主。"

(4) 讨论与分享。所有学生走完"良心巷"后,教师组织学生进行讨论和分享。学生们可以交流自己在"良心巷"中的感受和思考,讨论不同的道德选择及其后果。教师可以引导学生分析各种观点的合理性和局限性,帮助学生进一步明确自己的价值观。

(5) 总结与反思。教师对整个活动进行总结,强调重要的道德观念和价值观。同时,教师可以引导学生反思自己在活动中的表现和收获,以及如何在日常生活中践行良好的道德行为。

通过"良心巷"策略,学生可以更深刻地体会到诚实守信的重要性,以及在面对道德困境时应该如何做出正确的选择。

(七)"站队"

概念:指针对一个特定的情境或问题,让学生根据自己的观点、感受和价值判断选择站到不同的位置,从而形成不同的队伍。

作用:促使学生深入思考问题,明确自己的立场,并通过观察和与其他战队的交流,理解不同观点的存在和合理性。站队有助于培养学生的批判性思维、决策能力和沟通能力,同时也能让学生更好地认识自己和他人的价值观。

"站队"策略运用案例如下。

进行"网络的利与弊"主题教学时,可以运用"站队"策略。

(1) 在教室中划出两个区域,分别代表"网络利大于弊"战队和"网络弊大于利"战队。

(2) 教师提出一些关于网络的具体情境和问题,如:

"网络让我们更容易获取知识,你同意吗?"

"过度上网会影响学习和身体健康,你怎么看?"

……

(3) 学生根据自己的想法选择站到相应的区域。

(4) 每个队伍的学生讨论并总结出自己队伍的观点和理由。

(5) 两个队伍进行辩论,互相阐述自己的观点并回应对方的质疑。

通过"站队"策略,学生可以更深入地思考网络的影响,认识到网络既有积极的一面,也有消极的一面,同时也学会尊重不同的观点,提高自己的分析和表达能力。

(八)"假如我是你"

概念:学生被要求站在他人的角度去思考问题、感受情境和做出反应。

作用:学生可以更好地理解他人的观点、情感和需求,培养同理心和换位思考的能力。

"假如我是你"策略运用案例如下。

（1）情境设置。小明和小红在课间因为争抢一本课外书而发生了争吵。

（2）分配角色、进入角色。选择一些学生扮演小明，一些学生扮演小红。

扮演小明的学生从小红的角度思考：假如自己是小红，为什么会想要看这本书？争抢书时的心情是怎样的？

扮演小红的学生从小明的角度思考：为什么小明也这么急切地想要这本书？他可能有什么理由？

（3）互动与交流。学生进行互动和交流，尝试解决情境中的问题、表达自己的观点和情感，同时也倾听和理解其他角色的立场。

扮演小明的学生可能会说："假如我是小红，我可能是因为特别喜欢这本书里的一个故事，所以才很着急看这本书。我当时争抢书的时候可能有点冲动，没有考虑到小明的感受。"

扮演小红的学生可能会说："假如我是小明，我可能是之前就和别人约好了要一起看这本书，所以才会那么着急。我也应该好好和小红商量，而不是直接争抢。"

（4）老师引导反思与讨论。学生回到自己的真实身份进行反思和讨论，可以分享自己在扮演角色过程中的体验和感受，探讨从中学到了什么，以及关于换位思考和理解他人的重要性。

学生们可能会说明白了要理解他人的喜好和需求、遇到问题不能冲动、要好好沟通等。

教师总结活动，强调理解他人的重要性，鼓励学生在生活中多运用"假如我是你"的思考方式，避免冲突，增进同学之间的友谊。

## 三、教育戏剧策略的运用

教育戏剧作为一种生动的教学模式，既打破了学生原有的学习习惯，也挑战了教师原有的教学理念。戏剧策略在道德与法治教学中并不是独立运用的，教师在一个主题内容的教学中常常可采用多种戏剧策略，通过不同策略的有机组合与综合运用实现课堂教学目标，促进高效学习。

### 课例一 大家排好队

本课是部编版《道德与法制》二年级上册的第十一课，教材设三部分内容："还是排队好""哪些地方要排队""怎样排队好"。排队在成年人看来，是一件常事，很简单，但要想让二年级的学生从内心接受和认同排队规则，主动去遵守并不简单。为了更好地达到教学目标，本课例运用"构建空间""教师入戏""论坛剧场""专家外衣""定格画面"等策略设计了学生非常熟悉的排队做核酸检测的戏剧活动，创设情景让学生在演绎中感受排队的重要性，让先来后到，注意间隔距离，遇到特殊情况会变通，懂得礼让的排队规则深入学生心中。

建构空间：利用课桌、椅子、PPT投影、一米线标志搭建核酸检测的场景，模拟现场。让学生身临其境，激发学生的学习兴趣。

教师入戏：（场景一：小区里正在进行核酸检测）教师扮演工作人员正在指挥居民有序排队进行核酸检测，突然跑过来一对父子插到了队伍的前面，引起了大家的不满。工作人员赶忙来调解，问他："你为什么插队？"父亲回答："我的孩子上课要迟到了，我非常着急。"队伍中的同学认为这对父子插队，对自己不公平，自己也有事很急。这一环节中，教师在剧中扮演维持核酸检测队伍的工作人员的角色，一步一步推进剧情发展，组织教学，抛出问题，启发学生思考。

"专家外衣"：吵闹声引来了执勤民警，跟大家强调排队规则：先来后到，注意"一米线"间隔距离。并特别跟大家解释了"一米线"距离的含义，强调"一米线"也是生命保障线，请大家遵守。该案例采用"专家外衣"策略，让一学生扮演民警的角色，利用民警的角色，让学生清楚知道"一米线"的含义，提醒学生在排队中自觉注意间距。

论坛剧场：老师问同学们："你们有什么好方法帮这位'父亲'吗？"大家纷纷向他支招："排队讲究先来后到，不能因为自己急就插队，可以提早来排队。""如果有急事可以事先告诉工作人员，看可不可以走绿色通道。"……学生通过给剧中父亲支招，进一步树立起规则意识，认识到不能随便破坏规则，遇到特殊情况，要学会变通，可以寻求帮助。

思绪追踪：再问扮演父亲角色的学生："听了大家的建议，你有什么想说的？"（该学生答道："我以后会严格要求自己。遵守排队的规则，遵守公共秩序，不随意破坏，主动排队，做好孩子的榜样。"）采用思绪追踪策略，让学生自己在活动中通过体验、反思，认识到破坏规则不可取，而是学会应变，从而巩固深化学生对自觉排队的认知。再次明确特定的场合人人要排队、遵循先来后到、保持距离、不随意插队的原则，避免了单一的说教。

教师入戏：（场景二：插队）教师扮演其中一个学生站到队伍前面，期间看到了好友并向好友招手："小明，快来快来，队伍可长了，咱们是好朋友，快到我前面来。"

定格画面："同学们，你看到了此情景，有什么想说的吗？你可以说说你的想法或提出你的忠告。"

教师入戏：（场景三：核酸检测的队伍只剩下一个人了）老师扮演的学生角色飞快地跑上前："人好少啊，可以不用排队了吧！"

定格画面："同学们，请你们同桌互相讨论一下：两个人有必要排队吗？"

角色演绎：（场景四：重新回队）一学生扮演在排队期间由于急着上厕所离开了队伍的角色，上完厕所后他想站回原来的队伍中。

定格画面："同学们，如果是你，你会不会让他站回去，为什么？"

在这一课时的教学过程中，随着剧情的推进，不同的戏剧策略交替运用，学生在戏剧活动中生动、深刻地体验了排队规则，认识到不能随便破坏规则，遇到特殊情况，要学会变通，可以寻求帮助。

## 课例二　认识公共生活

部编版《道德与法治》五年级下册第二单元第一课《我们的公共生活》第一个板块"认识公共生活"的学习目标是：引导学生了解公共生活的特点与作用，知道每个人都离不开公共生活；提高公共意识，懂得公共生活中要注意自己的言行举止。

片段一：网络虚拟世界是否存在公共生活

设计意图：设置具体情境，让学生联系自身的生活实际，让学生明白多种形式的公共生活满足了我们不同的需要，通过教育戏剧的手段，让学生明确网络虚拟世界也有公共生活，同样需要我们遵守规则、讲文明。

范式：教师入戏、"良心巷"策略。

案例描述：

师：同学们，我们刚刚都是在讨论在现实世界中的公共生活，小梁有疑问了。我们来听听他的疑问。

（教师到黑板后戴上帽子，然后走到舞台中间，入戏小梁）最近，我在淘宝上买裙子。我搜索了关键词"连衣裙"，并且选到了一条我喜欢的款式，我看了一下评论，大家都说这条裙子质量好，穿起来青春靓丽，可是我不知道以我的身高、体重要穿什么码数，于是，我点击"客服"，向其询问。我根据客服的指引买下了这条裙子。3天后，裙子快递到家了，我试穿了一下，十分满意，于是，我到淘宝上给了它好评。在评价时，我产生了一个疑问。

（"良心巷"策略，引导学生分为两排，形成一条小巷，两排相互论述观点）有人说，我这种网上购物的行为，也是参与公共生活。你赞同这种观点吗？

生1：网上购物时，在App上搜索关键词，能获取到很多商家的商品信息，这就是在参与公共生活。

生2：网上购物时输入密码付款时并不是所有人都看得到，所以网购也有私人空间。

生3：小梁在选连衣裙的时候参考了很多顾客的评论，而且她也对这条裙子进行了评论，其他人也能看得到，所以网购是参与公共生活。

生4：顾客快递的地址是隐私的，网购也是存在私人空间的。

……

师追问：网络虚拟世界还有哪些公共生活呢？（微博上参与评论、微信群聊……）

师小结：从同学们刚才的辩论中，我们可以了解到现实世界和网络虚拟世界都存在公共生活，同样需要我们遵守规则、讲文明。

实践与思考：老师借助一顶帽子，实现扮演的角色和组织课堂的老师之间的角色转换，帮助学生体验故事情节的发展，感受小梁参与网络购物的生活。运用这一策略，为了更快让学生适应老师角色的转变，更好地进入情境，道具、服装、环境等可以设置得更加贴合角色的特点。

"良心巷"是当人物角色面对抉择时，安排学生或老师代入该角色，其他学生饰演该角色心中正、反双方的声音，然后排成两行，形成一条"小巷"。在本案例中引导学生分作两排，针对"网上购物的行为是不是在参与公共生活"发表自己的观点，由此让学生明确网络虚拟世界也有公共生活，同样需要遵守规则、讲文明。在实践中发现，有矛盾和冲突的问题，更能在此范式的运用中拷问学生的内心世界，引导学生探究冲突。

片段二：公共空间与私人空间

设计意图：通过教育戏剧，引导学生对不同的行为选择带来的结果进行思考，通过私人空间和公共空间两个情景的对比，让学生初步感受公共生活中的言行举止具有公开性和公共性，让学生意识到我们在公共空间里需要守规则、讲文明。

范式："坐针毡"策略、论坛剧场。

案例描述：

### 剧场一：《我该躺在椅子上吗》

小明踢完足球，筋疲力尽，路过公园时看见一张长椅，此时，他心中有疑问："我走不动了，可以躺在椅子上休息一下吗？"他左顾右盼，发现没有其他人，于是，他决定躺在椅子上休息一会儿。

（定格，小明接受审问）没有人来，没有人坐，你可以躺在公园的椅子上吗？你的行为会带来什么后果？（影响个人形象、霸占公共资源）

过了一会儿，有两个人走过来了，指着小明窃窃私语："本来还想在公园里坐一坐，休息一下，这人一个人霸占了这张长椅呀！"小明当作没听到，继续躺着睡觉。

（定格，小明接受审问）有人来，有人想坐，你的行为会带来什么后果？

小明想了一下，还是打算坐起来休息。

（定格，小明接受审问）此时此刻你是怎么想的？

（讨论）通过小明的事例，我们来说一说：我们在公共空间能做什么？不能做什么？为什么在公共空间要注意自己的言行举止？

### 剧场二：《小红和小图的周末》

场景一：周末，小红在自己的房间里，戴着耳机，一边跳舞，一边大声唱歌，非常陶醉。

（小红接受审问）你怎么看待自己的行为？

场景二：周末，小图和朋友一起去图书馆看书，小图想和朋友聊天，朋友指了指墙上的"静"字，比了个安静的手势。小图环顾了一下四周，大家都在专注地学习，小图不好意思地拿出书本来静静地看书。

（小图接受审问）你怎么看待自己的行为？

（朋友接受审问）你为什么在小图与你聊天的时候比安静的手势，你是怎么想的？

（讨论）在私人生活空间和公共生活空间，人们的言行举止有什么不同？

小结：公共生活中，我们的行为是公开的，所以更要注意自己的言谈举止，展示良好的形象，守规矩、讲文明。

实践与思考："坐针毡"策略是角色坐在中间接受其他人询问关于角色的问题，以探索该角色的内心世界。在本案例中，学生分别以小明、小红、小图和小图朋友的不同角色身份被同学或者老师进行现场提问，让学生感受到私人空间具有私密性，而公共生活中的言行举止具有公开性和公共性，如果不加注意，不但会影响个人形象，也会影响他人的生活，从而让学生意识到我们在公共空间里需要守规则、讲文明。

在实践中发现，剧场一中如果能考虑到小明内心的矛盾，就更能突出戏剧中的冲突，从而能更清晰地探究"小明的不同选择会带来什么后果"。对此，便可以利用论坛剧场这种教育戏剧的范式。论坛剧场是在表演过程中通过重演事件的手法，由演员通过"出戏"的间离效果引领现场观众代入演员的身份，在参与讨论后重新投入扮演角色的一连串反复互动的行动，因此会产生不同版本及不同结论，具体如下。

### 剧场一：《我该躺在椅子上吗》

小明踢完足球，筋疲力尽，路过公园时看见一张长椅，此时，他心中有疑问："我走不动了，可以躺在椅子上休息一下吗？"他左顾右盼，发现没有其他人，于是，他决定躺在椅子上休息一会儿。

（定格，讨论）没有人来，没有人坐，可以躺在公园的椅子上吗？如果你是小明,你会选择怎么做?

(论坛剧场)

(选择一,由另一组人表演)过了一会儿,有两个人走过来了,指着小明窃窃私语:"本来还想在公园里坐一坐,休息一下,这人一个人霸占了这张长椅呀!"小明当作没听到,继续躺着睡觉。

(定格,小明接受审问)有人来,有人想坐,你所选择的行为会带来什么后果?

(选择二,由另一组人表演)小明想了一下,还是打算坐起来休息。

(定格,小明接受审问)此时此刻你是怎么想的?

(讨论)通过小明的事例,我们来说一说:我们在公共空间能做什么?不能做什么?为什么在公共空间要注意自己的言行举止?

## 第二节 教育戏剧的教学模式

教学模式是指在一定教学思想或教学理论指导下建立起来的较为稳定的教学活动结构框架和活动程序。在西方常用的教育戏剧教学模式有以下三种。

### 一、故事戏剧教学模式

故事戏剧(story drama)教学模式以故事或儿童诗等文学作品作为教材内容或教学主题,引导学生进行互动式戏剧创作。通过故事戏剧,学生既能学习语文方面的知识,也能获得戏剧与人文相关的认知和技能。这一模式已成为教育戏剧实施中被广泛使用的模式之一,具体分为三个阶段(图3-1)。一是选取题材。题材可来源于传说故事、名人轶事、小说、诗歌、影片或绘本等。二是熟悉故事。通过教师朗读、学生自由朗读、观看影片等方式引导学生了解故事内容,便于学生轻松且快速地投入戏剧表演中。三是创作戏剧。学生熟悉故事内容后,可通过探讨相关事件、寻求问题解决方案、延伸故事、创作潜在部分、呈现新问题或转换事件、创设新情境、发展更多人物、转变故事走向等方式,创作出故事内容或故事以外更多的内涵与情节,这一阶段是故事戏剧教学模式中的重要环节。①

---

① 吕珮钰. 教育戏剧"故事戏剧"教学模组融入生命教育议题之研究[D]. 台北:台湾艺术大学,2016.

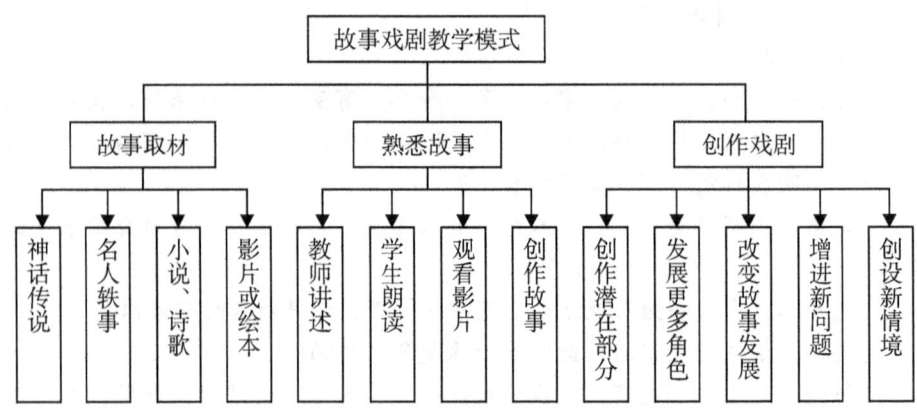

图3-1 故事戏剧教学模式图

故事戏剧模式包含完整的故事演绎,其教学目标在故事的编、导、演、创、议中完成。例如五年级下册《虎门销烟》,教材以虎门销烟这一历史事件作为主要的学习内容,引导学生重点感悟林则徐等民族英雄的爱国情怀和抗争精神,体会中英《南京条约》的屈辱和香港回归的自豪,帮助学生认识到鸦片战争是中国百年屈辱的开始,也是中国人民面对外来侵略,不屈不挠斗争的开始。对于此课的教学,可设计一个主题为"虎门销烟"的故事,分为"议事—销烟—战争—妥协"四个场景,通过学生完成收集材料、演绎故事、评述情节、感悟建构等环节达成教学目标。故事演绎不是一气呵成,而是分段进行,表演和评议相结合的。这个模式在课堂教学中运用并不广泛,因为耗时较多,讨论和反思不灵活,若要很好地运用该模式,需将其与其他教学方式相融合。

### 案例:《虎门销烟》故事戏剧教学模式的运用

**教学环节一:追思历史,探访鸦片战争博物馆**

师:同学们,在东莞虎门矗立着一座特别的雕塑,你们想到的是什么?(追问:同学们有什么问题?想知道什么?)

学生看图回答。

师:今天我们一同走进虎门,追溯在这里发生的震惊世界的一件大事——虎门销烟。

师:同学们,要想了解一个地方的历史发展,去哪里比较好?(博物馆)我们一起去东莞虎门的鸦片战争博物馆看一看。

学生了解鸦片战争博物馆里的图片史料。

师:这是"中英两国国力图"(出示图片)。从这张图中,你看出了什么?(这些问题可以引导学生提问,学生讨论,教师解答)

师：这是中英鸦片贸易图表（出示图表），你从中得到了什么信息？

学生思考讨论。

师：从吸食鸦片的场景，你发现了什么？（视频）长此以往，会给中国带来什么危害？

学生思考讨论。

师小结：到了近代，清政府腐败无能，抱残守缺，实行"闭关锁国"的政策，国家逐渐走向衰败，面对外国列强的侵略，陷入落后挨打的境地。

设计意图：本环节让学生入情入境，走入博物馆，并学习如何投入角色和进入所创设的情境中；了解鸦片危害和虎门销烟背景。

**教学环节二：戏剧演绎，再现虎门销烟**

师：为了掠夺中国财富，英国向中国走私和倾销鸦片。面对鸦片给中国带来的巨大灾难，一些有见识的清朝官员主张禁烟，其中态度最坚决的是林则徐。

请演员上前，引出戏剧活动《虎门销烟》，剧本共分四幕表演，教师负责追问。

表演第一幕："议事"

演员表演完毕后，学生结合观看的表演，发表自己的见解。

全体同学继续议事：鸦片有什么危害？林则徐会采取怎样的禁烟措施？林则徐会采取怎样的方法销烟？

引导学生了解林则徐从小立志发奋的故事，以此勉励学生。

表演第二幕："销烟"

演员表演完毕，师追问：通过《虎门销烟》剧目，你最欣赏的是谁？你感受到了林则徐和其他中国人民怎样的精神？

学生根据课前了解的相关知识作出相应的回答。

设计意图：通过戏剧演绎加快学生从心理上进入虎门销烟的历史情景，通过体验活动增强活动探索的效果，了解林则徐的伟大创举，从多个角度体会他的爱国情怀。

**教学环节三：戏剧演绎，通过英雄故事铭记抗争精神**

师引导：虎门销烟向全世界表明了中国人民禁烟的决心和反抗外国侵略者的坚强意志。

请学生代表上前做简短演讲，要注意动作、语言、神情。

（播放课件）师：走私鸦片受到中国抵制，英国决定发动侵略战争。1840年6月，鸦片战争正式爆发，英勇无畏的中国人民开始抵抗西方侵略者的坚船利炮。

表演第三幕："战争"

演员表演，观众观看，体会抗争英雄的内心情感，及其对侵略战争的深恶痛绝。

引导分享：鸦片战争中，有许多与侵略者抗争的历史故事和英雄人物，请同学们小组围坐，分享你所知道的历史故事和英雄人物。

请学生代表上前讲述，分享英雄故事。

师追问：你还知道哪些与侵略者抗争的历史故事和英雄人物？听到这些，你有什么感受？

设计意图：通过戏剧故事引导学生描述英雄主角的感受，让在场的学生投入情境中，使学生在课前自主学习的基础上，在交流中丰富认识，进一步体会中国人民反抗外来侵略者的光荣传统。

**教学环节四：戏剧演绎，今昔对比，屈辱中自强**

(1) 屈辱：中英《南京条约》

(观看课件) 旁白：虎门销烟展示了中国人民的斗争精神，然而鸦片战争却以清政府的妥协求和告终。1842年，清政府同英国签订了丧权辱国的中英《南京条约》，条约中要求将中国的香港岛割让给英国。

表演第四幕："妥协"表演

教师引导学生阅读课本，提问：为什么说《南京条约》是丧权辱国的条约？

学生分组讨论回答，请时事评论员解说。（追踪事件，思考影响。）

教师总结：出卖国家主权，中国领土主权的完整遭到破坏，中国开始沦为一个半殖民地半封建社会的国家。

设计意图：通过戏剧演绎引出扮演者的观点与立场，了解《南京条约》历史事件的主要内容和重大影响，懂得落后就要挨打。

(2) 自强：香港回归

对比：书中两张图片，一是签订《南京条约》，一是香港回归，历史的昨天和今天给你带来了怎样的思考？

进行小组讨论，选代表汇报。

(观看视频)《南京条约》签订约155年后，1997年7月1日零时整，在雄壮的中华人民共和国国歌声中，中国国旗和香港特别行政区区旗徐徐升起，香港回到祖国怀抱。

创设环境，请学生起立：香港回归，国歌飘扬，学生此时就是香港回归现场的群众。

师采访：若你是在场的一名少先队员，你有什么感受？

代入香港回归这一历史时刻，说出内心的感受。

香港回到祖国怀抱，英国在香港一个半世纪的殖民统治宣告结束。香港回归的喜悦写在每个人的脸上,多年的梦想终于成为现实。

鸦片战争给我国造成了极大、极坏的后果,如何才能不让历史重演,不再遭受他国的欺凌?唯有发奋图强,共同把我国建设成为富强民主文明和谐美丽的社会主义现代化强国。

学生谈自己对历史昨天和今天的思考。

设计意图:通过采访活动,了解学生对香港回归这一历史事件的认识和感受。体会祖国强大的自豪感,懂得只有祖国强大才不会受欺负,并立志建设祖国。

## 二、角色戏剧教学模式

角色戏剧(role drama)教学模式以发现问题、发展问题、解决问题作为教学设计的基本思路,其特点是教师和参与者均在活动中扮演某一角色,目的是引导学生在戏剧活动中,掌握思维与语言的意义,能够独立思考,以流畅的语言表达内心所想,以合作学习打造学习共同体,最终找到问题解决的路径。角色戏剧教学模式经历一般说明、界定问题、发展问题、解决问题、复习五个阶段。其中,一般说明阶段包括教师解说学习内容、提出可能性问题、解说游戏规则,学生思考教师提问、讨论教师提议;界定问题阶段包括暖身游戏、设定故事情境、设计并记录需解决的"困境"、角色扮演、教师进组了解"困境"解决情况;发展问题阶段是角色戏剧模式最重要的阶段,包括增加资料,推进故事情节,讨论可能的遇到困难与解决方案,学生寻求协助,教师询问与回答,学生讨论与计划、形成问题,解决共识、扮演共识的内容;解决问题阶段包括教师引出故事结尾,学生讨论所扮演角色在事件结束后的情况、记录感想与认识、讨论有意义的部分;复习阶段包括学生分享创作历程,教师回答学生的提问,教师提供建议,以图画、影像或写信的方式给事件中的人写信等内容。每一阶段依次对应传统戏剧剧情发展的说明、动作上升、高潮、情节下降与结束五个阶段。[①] 如六年级《学会宽容》一课就可以根据角色戏剧模式进行设计,角色戏剧模式的运用要与整体的教学设计相融合,通过关于宽容问题的提出、在生活中遇到不宽容的事情引发的冲突、解决冲突,最终达成对宽容的深刻认知。

---

① 叶琇玫. 教育戏剧在艺术与人文领域中的研究——以改变民间故事《虎姑婆》为例 [D]. 新竹:新竹教育大学,2011.

## 案例：《学会宽容》角色戏剧模式的运用

**教学环节一：故事启迪，导入新课**

（播放《六尺巷》故事视频）

师：同学们，《六尺巷》的故事告诉我们什么道理呢？

学生谈感悟。

师：是呀，相互宽容，才能让生活更美好。今天，我们一起来学习《学会宽容》这一课。（板书：学会宽容）

设计意图：播放故事视频，激发学生兴趣。通过故事启迪学生初步感悟人与人之间要相互包容、相互宽容。

**教学环节二：走进"宽容城"，理解宽容**

（1）谈对宽容的理解

师：老师布置大家在课前先寻找宽容的身影，你们了解到了什么？

（引导学生可以从字义、名言、故事中了解宽容）

师：是啊，宽容就是宽大有气量，不计较、不追究。

（2）生活处处有宽容

师：为什么我们要学会宽容呢？

师：请大家打开书本第12页，阅读《感谢他们的宽容》，小组内选择一个事例来谈谈你如何看待事例中人物的宽容做法。

师：他/她的行动值得被感谢吗？

师：如果他/她不够宽容，会有什么后果？

师：你遇到过类似的事情吗？请拿出课前的调查单，和同桌交流一下你经历过的宽容的事或你知道的与宽容有关的故事，并谈谈你是如何看待这件事的。

学生交流，选代表汇报。

师：同学们，如果我们每天都生活在宽容的环境里，你们觉得舒服吗？

学生回答。

师：春光正好，导游小吴要带着我们去"宽容城"参观游玩，听说那里有三个特别的文化景点，大家想去吗？那就跟着导游小吴的脚步一起出发吧！

（3）体会宽容的社会意义

学生扮演导游，给大家介绍"宽容城"的三个经典。

师：朋友们，置身于"宽容城"中，你有什么感受呢？

学生讨论汇报。

师：是啊，朋友们，"宽容城"曾连续十年被评为全国最具幸福感的城市之一，好几次位居榜首呢！

师：可是，如果"宽容城"没有了"宽容"，人们的生活会变成什么样

呢？（播放时事新闻视频）

师：看完视频，大家觉得，宽容对于我们社会的发展有什么意义呢？

学生讨论、交流。

师小结：是啊，宽容能给我们带来和谐、友善的生活环境。（板书：和谐、友善）

（4）体会宽容对个人的意义

师：宽容对于我们个人的生活有什么意义呢？请同学们阅读"阅读角"的资料，联系生活说说宽容对于个人的意义。

学生代表汇报。

师小结：是啊，宽容的心态能让我们心平气和，这样身心才能更健康，我们的生活才能更加幸福、愉快呀！（板书：幸福、愉快）

（5）认识自己

师：同学们，你是一个宽容的人吗？现在我派发一份关于宽容度的小测试给大家，让我们先来认识一下自己，不用署名，大家可以放心作答。

学生完成小测试后老师解释小测试的结果。

师：在生活当中，我们难免会遇到一些矛盾，面对矛盾，我们有时会产生不良情绪，这很正常。那么，我们应该要如何去处理呢？接下来，我们一起通过戏剧来体会和学习吧！

设计意图：本环节联系学生的生活，设计情景式和探究性的活动，引导学生理解宽容。课前引导学生从字义、名言、故事中寻找宽容的身影，初步理解宽容的含义。接着，从书本的例子引申到生活实际，感受宽容对生活的影响。然后，用教育戏剧中"专家外衣"的策略，学生扮演导游带大家游览"宽容城"，引导学生感受宽容具有让人平和、包容、礼让的作用，体会宽容对社会生活的价值。阅读"阅读角"的资料也让学生深入了解到宽容对人身心健康的促进作用。最后，通过宽容度的小测试引导学生了解自身的宽容品质。

**教学环节三：角色戏剧，学会宽容**

（1）面对他人的无心之失时

戏剧：《在拥挤的公交车上》

角色：（学生自由参演）1位公交车司机、若干名乘客。

情节：（旁述默剧）上学时间，公交车可真拥挤啊！突然一刹车，多位乘客被重重地踩了一脚。

（定格，思绪追踪）同学，你被人踩到脚了，心情如何？你会怎么想？怎么做？

（此时同学们心中可能出现两种声音，一种可能是理解并原谅，另一种可能是生气并打算报复）

师：同学们，此时，我们出现了两种不同的声音，那么，哪一种心理和行为是宽容的表现呢？

学生讨论、发言。

师：是啊，别的乘客或许也不是故意的，我们也有可能会踩到别人的脚，面对他人的无心之失，我们可以宽容大度地对待。

（情节继续发展）汽车停靠在站台，有人要下车，拥挤中，有好几位乘客被人推了一下，差点摔倒。

（定格，思绪追踪）此时此刻，心情如何？你会怎么想？怎么做？

师：生活中，你有宽容待人的经历吗？跟大家分享一下吧。

师：假如我们现在来到了"计较城"，刚才分享的这些同学如果对他人的无心之失斤斤计较，结果会怎样？

学生讨论。

师：所以，在面对别人的无心之失时，我们应该怎么做？（板书：大度、不计较）

师小结：是呀，多一分理解与包容，少一分抱怨与冲动，以宽容的心态对待别人的无心之失，这个社会将会更加和谐、美好。

（2）面对他人的伤害时

师：课前，我在信箱中收到这样的烦恼，请表演情景剧《小丁的烦恼》。

角色：小刚、小丁、老师。

道具：课桌椅、语文书。

情节：小刚特别喜欢捉弄小丁，小丁把语文书放在桌面上进行课前准备，然后离开了座位，此时，小刚偷偷把小丁的语文书藏了起来。等到上课了，老师发现小丁没做好课前准备，点名提醒，小丁一脸委屈地看着老师："我明明已经把书本拿出来了呀！"过了一会儿，他指着小刚说："一定是他拿了，他以前拿过我的笔袋！"在众目睽睽之下，小刚承认是他藏起来了，并把书还给了小丁。

师：同学们，面对这样的情景，我们是否应该宽容？现在你们都来当当"啄木鸟医生"，来诊断一下这个问题。

师：假如你是小丁，心情如何？在愤怒的情况下，你会怎么想？会怎么做？

师：这样能解决问题吗？怎么除掉"愤怒"这条虫子？（板书：平息心中的不满）

师小结：被人无端端地捉弄，谁都会生气，但是人在生气时很容易失去理智，做出不可控制的行为。我们必须要平静下来，调整情绪，这样才能更客观、大度地面对问题。

戏剧继续，小丁还有过这样的想法。

（表演）下课的时候，小丁也去把小刚的书悄悄藏起来。

师："啄木鸟医生"继续诊断这是什么心理？（报复）这种"以眼还眼，以牙还牙"的想法对吗？会有什么后果？

（报复心理危害大，播放时事新闻视频）

师：你还会想报复吗？（板书：放弃报复想法）

师小结：报复不是解决冲突的方式，反而有可能造成更大的冲突，甚至被追究法律责任。我们要拥有一颗宽容的心，要放弃报复的想法。

戏剧继续，小丁还是不能释怀。

（表演）下课了，小丁对小刚说："我不会原谅你的！"

师：请"啄木鸟医生"继续诊断，假如我们执意不原谅对方，自己的内心有什么感受？

师：我们换位思考，假如你是犯错者小刚，得不到对方的原谅时，内心又是什么感受呢？

师：古时候的君子要求自己严格而全面，对人宽容而简约。（出示韩愈《原毁》的名言："其责己也重以周，其待人也轻以约。"让学生齐读，并了解释义）

师：同学们，你们得到了什么启发呢？

学生讨论汇报。

师小结：是啊，"金无足赤，人无完人"，每个人都会有犯错误的时候，拥有一颗宽容的心，学会原谅他人，其实也是原谅可能犯错误的自己呀！（板书：懂得原谅他人）

（给故事重新编一个结局）针对小刚捉弄小丁的这场小闹剧，现在给大家一个机会重演结局，你觉得应该怎么解决才更合理呢？同桌先商量一下，然后请一组同桌上来演绎。

学生演绎。

师评价：他们是否能用宽容的心去解决这个矛盾。

师总结：宽容是面对他人伤害时，要平息心中的不满，放弃报复的想法，懂得原谅他人，这样我们的社会才能更和谐、美好。

（3）宽容有度

师：同学们，是不是什么事都可以被宽容呢？（生答）请同学们打开书本第17页，选择一个感兴趣的事例，讨论"能宽容这样的行为吗？"

师追问：如果纵容这样的行为继续发生，会产生什么后果？

（播放时事新闻中关于宽容与纵容的两段情景视频，出示《刑法》第114条）

师小结：同学们，宽容并不是无限度的纵容和姑息迁就，那些突破底线、违反原则的伤害，会侵害到他人的心理健康，损害他人的基本权利，甚至影响他人的安全，可能触犯法律，造成严重后果。宽容是有限度、有原则的。（板书：有限度、有原则）

设计意图：先是通过旁述默剧的策略演绎在拥挤的公交车上被踩脚、被撞到的情景，并联系学生的生活情境从反面思考斤斤计较的后果，引导学生体会原谅他人无心之失的心理过程以及计较他人无心之失对生活的影响。然后通过情景剧的续演和重演，创设"啄木鸟医生找虫子"的情境，引导学生理解难以宽容他人的心理原因，并通过逐层分析，引导学生学习如何宽容待人，引用韩愈关于宽容的名言，汲取传统文化养料。最后通过视频中两个具体的情境故事的辨析，引导学生区别宽容与纵容，形成宽容要讲原则的意识。

**教学环节四：拓展延伸，总结宽容**

师：著名作家屠格涅夫说过这样一句话："不会宽容别人的人，是不配得到别人宽容的。"

师：同学们看，老师在教室里专门设置了一个"宽容角"，里面有一个"宽容箱"，现在发给每位同学一张"宽容卡"，请你写上你是否宽容、是否原谅他人的事例，投进"宽容箱"里。当然，如果写的是"未宽容""未原谅对方"也可以，等有一天你愿意宽容、原谅对方时，再重新投放"宽容卡"。我们再选出两名"宽容小卫士"，如果我们在生活中遇到了矛盾冲突，受到了伤害，难以宽容、难以包容，可以找到"宽容小卫士"到"宽容角"里一起解决。

（学生填写、投放"宽容卡"）

师：通过本节课的学习，相信大家对宽容有了更深刻的认识，也学会了宽容的方法。让我们大声齐读关于"宽容"的名言吧！

（出示名言）

师：社会主义核心价值观提出"文明""和谐"的要求，相信只要人人都拥有一颗宽容的心，多一分理解，多一分包容，多一分礼让，那么我们的社会将会更文明、更和谐。

设计意图：通过"宽容角""宽容箱""宽容卡""宽容小卫士"，帮助学生把课堂学习延伸到生活中，让学生用更宽容的言行来解决生活问题。通过朗读有关宽容的名言，进一步深化对宽容的理解，使宽容品质内化于心，外化于行。

## 三、过程戏剧教学模式

过程戏剧（process drama）教学模式运用事件发生、发展的情节序列作为教学思路，将教学内容转化为可以让学生活动的戏剧形式（图3-2）。其特点是活动开始于体现故事最大张力的部分，故事的发展不依赖于剧本，不以演出为目的，注重戏剧过程中学生的参与、体验和探索，参与活动的过程是无法复制的学习经验。在实施中，为达到教学效果，教师首先将具有戏剧张力的中段情节作为课堂导入，介绍该情境中已经发生的事件，吸引学生进入戏剧活动。然后，教师与学生根据中段情节中的事件走向，共同推测、创造或扩展"前段"情节的细节，以寻求前段情节与中段情节的逻辑关系。最后，根据前段与中段情节发展"后段"结果，使三段情节串联成为一个完整的故事。①

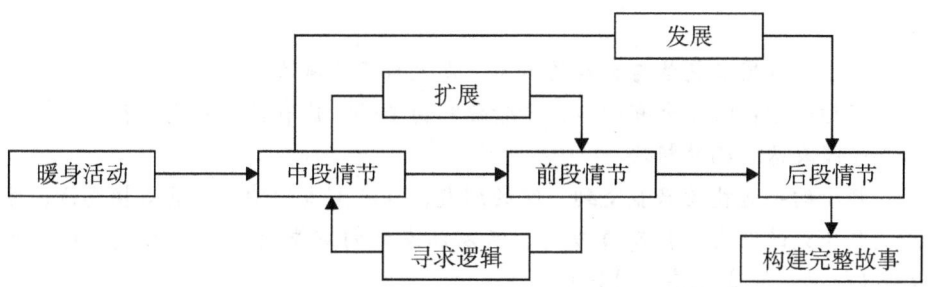

**图3-2 过程戏剧教学模式图**

过程戏剧教学模式着重演绎学生生活中的"困局"部分，重在关注活动过程中参与者的情感体验与学习探索。教师将具有戏剧张力的情景作为导入，学生再根据事件走向推测、扩展情节。例如，四年级《道德与法治》下册"我们的好朋友"一课的教学过程中，围绕"如何交朋友"，可以设计"礼物""竞选""秘密"三场表演，引导学生主动成为角色，在"他我"和"自我"的不断检验中，感悟友谊的真谛。在活动过程中，每一场表演都有前期预设的结局，但在演绎中，会出现不同问题，从而产生不同的剧情走向。通过边演边议，引导学生最后得出"坦诚相待不讨好、合理要求有判断、保守秘密有原则"的交友结论。

---

① 张晓华，郭香妹. 教育戏剧跨领域统整教学[M]. 台北：心理出版社，2014：9-11.

## 案例：《我们的好朋友》过程戏剧模式的运用

### 第一幕：礼物

旁白：星期二的早晨，有为大道上的花儿迎着朝阳展开笑颜，有为校园依旧宁静而美好（PPT播放校园图片）。但是，咱们四年（1）班的教室却和往常不太一样，一大早就热闹起来了，究竟发生了什么事？请第一幕表演的同学带我们去看一看。

（PPT播放：第一幕 礼物）

小组演绎第一幕：礼物（子晴没什么朋友，她看到王明为了获得朋友给同学送礼物）。

议一议：子晴要不要像王明一样送礼物给大家呢？说说理由。

师点拨：不送礼物，子晴能交到朋友吗？比起送礼物获得友谊，还有更好的方法吗？送礼能交朋友，不送礼也能获得友谊，哪一种才是真正的友谊呢？为什么？

学生深入思考礼物与交友的关系，发表自己的看法。

采访子晴：听了大家的话，子晴你明白了吗？你有什么想说的？

子晴表达自己的想法。

师小结：送礼物只能交到一时的朋友，只有真诚相待，以真心换真情，才能交到长久的朋友，拥有真友谊。所以朋友之间首先要做到：坦诚相待不讨好。（板书：坦诚相待不讨好）

设计意图：抓住"是否靠送礼物获得朋友"引发学生热议，引导学生懂得靠送礼讨好换来的朋友并不是真朋友，真正的朋友要坦诚相待、不讨好。

### 第二幕：竞选

过渡：刚才在大家的帮助下，子晴的眉头终于舒展开了。不过教室里依然热火朝天，讨论声一阵又一阵。原来在第一节班会课，一年一度的班干部竞选将拉开帷幕。这次竞争非常激烈，两名呼声最高的同学孟华和黄莺都准备竞选班长，所以大家又兴致勃勃地讨论了起来，听听同学们都说了什么？请第二幕表演的同学上台。

（PPT播放：第二幕 竞选）

小组演绎第二幕：竞选（两名同学竞选班长演讲）。

播放上课铃，教师入戏：同学们，上课了，请大家回到自己的座位上坐好。这节课我们将竞选新班干部。现在，两名竞选班长的同学都已经演讲完了，你们准备投票给谁呢？相信大家心中都已有了答案，请投上你公平公正的一票吧！

全班同学进入戏剧情境，投出自己的一票。

教师入戏，宣布竞选结果：非常感谢全体同学的积极参与，恭喜孟华当选班长。

过渡：下课了，教室里的同学依然沉浸在竞选热闹的氛围中，谈笑风生。但落选的黄莺却满脸愁容，一直到了下课都没有说一句话。

劝解黄莺：面对闷闷不乐的黄莺，同学们有什么话对黄莺说的呢？

学生即兴饰演黄莺的朋友，劝说黄莺，安慰黄莺。

点拨：黄莺要求好朋友必须投票支持她，对吗？

联系生活：在日常生活中，你有过类似的经历吗？你的朋友向你提出过不合理的要求吗？你的感受如何？

举例朋友向自己提出不合理要求的经历。

师追问：面对朋友的不合理要求，我们能够帮助他吗？为什么？

分析案例：毫无原则的帮助，会有什么后果呢？请大家观看这个案例。

（PPT播放案例视频：法制栏目讲述高三男孩为了义气拿起菜刀找别人算账，被送上法庭）

学生分析视频里青年入狱原因，理解帮助朋友不能违规违法，不能伤害他人。

师：看完这个视频你有什么想说的？

师小结：朋友之间，因互助而温暖，但是在帮助朋友时，我们要做到明辨是非，建立在正直的原则上的帮助，才是真友谊。（板书：合理要求有判断）

朋友有时会拒绝我们的要求，有时甚至会对我们提出批评，我们应该如何看待呢？古人的做法值得我们学习。

（PPT播放：《益友》故事视频）

师：从古人的身上，你学会了什么？

师：真正的朋友应勇于指出朋友的过失和不足，要乐于接受朋友的批评，这样才是君子之交，是真友谊。

设计意图：先是运用教师入戏、角色冲突引导学生演、议结合，懂得面对朋友的要求要学会明辨是非，合理判断。然后教师入戏引导全体学生参与角色体验，引导学生在劝解黄莺的过程中感悟不能对朋友提出不合理的要求，引导学生回归自我，深入思辨，学会处理朋友提出的不合理要求。再通过补充案例材料，以直观的视觉冲击让学生真实感受帮助朋友时要有判断的重要性。最后通过《益友》的故事引导学生思考"益友"的深刻内涵。

第三幕：秘密

过渡：时间在指尖溜走，很快就到了午餐时间，树上知了鸣叫，但树下的月月和莉莉却神秘地说起了悄悄话。请第三幕表演的同学带我们看看树下发生了什么？

（PPT 播放：第三幕　秘密）

小组演绎第三幕：秘密。

师：同学们，你们像月月和莉莉一样，有曾经请求过朋友帮你保守秘密或者遇到过朋友请你保守秘密的经历吗？你们是怎么做的？

学生汇报。

小组任务：

师：老师在大家的抽屉上方都藏了朋友的秘密。

小组合作完成任务：

（1）根据秘密的内容研究如何处理。

（2）想象故事如何发展。

（3）想象自己是老师、校长、医生等，合作创编、续演故事。

秘密1：月月周末和家人去了澳门玩，却没有按防疫要求报告老师，月月希望小莉帮她保守秘密。

秘密2：月月的爸爸妈妈昨天晚上吵架了，她感觉非常苦恼、伤心，她向小莉倾诉，不想别人知道。

秘密3：月月把家长给她买早餐的零花钱全部攒起来了，准备在妇女节买礼物给妈妈。

小组即兴续演，师引导：

（1）大家赞同这个小组的做法吗？

（2）哪些秘密应该保守，哪些秘密不该保守呢？

保密：出于对朋友隐私的保护，不损害他人的利益、不违背道德的行为，出于对朋友的忠诚也应该保密。

不保密：当朋友的行为触犯了班级的班规、校规甚至法律法规的时候，伤害了他人或自己的时候，就不能替他保守秘密。

师小结：在大家的动情、贴心的演绎中，我们知道作为朋友，为朋友保守秘密时也要遵循原则，做出理性判断。（板书：保守秘密有原则）

设计意图：创设更加开放、多元的探究空间，运用"专家外衣"策略引导学生合作创编续演，懂得对待朋友秘密也要理性判断，要有原则。

# 第四章 基于教育戏剧的道法学科教学

## 第一节 教育戏剧道法学科教学理论基础

2022年教育部印发的《全面推进"大思政课"建设的工作方案》要求改革创新主渠道教学；建构党的创新理论研究阐释和教育教学的自主知识体系；建强思政课课程群；优化思政课教材体系；拓展课堂教学内容；创新课堂教学方法；优化教学评价体系。在此课程改革背景下，广州市思政教育研究团队聚焦如何发展学生核心素养、如何真正有效开展课堂教学和测评，将教育目标分类学、学习科学等理论与思政课教学、测评实践相结合，构建了新结构教学评框架，为理解新课标先进理念、开展思政课改革创新、应对新高考改革以及科学设计测评目标提供了理论指南、实践工具和操作范式。

在广州市教育研究院的引领下，荔湾区教育研究院以"基于新结构教学评框架创建'4+X'素养课堂"作为一项重点攻坚项目，并以此为中心，展开推进大思政课程群建设、教学资源拓展、教学方式变革、教学评价体系优化、教学管理与作业重构、教研方式转型等改革创新。小学道德与法治"4+X"素养课堂构建与区域实践是荔湾区落实新课程标准，创建高品质课堂，打造区域基础教育高质量发展的主要路径和重要抓手，也是广州市新结构教学评教学范式研究的一个区域性课堂实践案例。

### 一、新结构教学评框架理论

新课程中提到五大概念：未来教育、核心素养、理解性教学、跨学科学习、表现性评价，这些概念又衍生出一些新课程、新课堂建设的关键词，如综合性学习、实践性学习、大概念、大单元、大任务、学习结构化、"教学评"一致性等。如何利用这些概念指导我们进行新教学改革，搭建一个新形态教学模型，这需要有一个具备一定逻辑的支架。新结构"教学评"框架为我们构建素养课堂提供了支架，它既是理念、又是支架，更是一个工具。

新课标提出"教学评"一致性，即以评价为统领，以评促教、以评促学、以评育人。评价本身就是教学的一部分，评价的位置前置，贯穿始终，同时推动了以问题、评价驱动的任务学习。任务学习过程需要评价,目标获得需要评价。新结构"教学评"一致性为我们提供了支架。评价的维度、程度和方式决定了教和学的深度和水平。

新结构教学评框架理论中有一个关键词——教学结构。教学结构化主要体现在"教学逻辑"和"思维进阶"当中,这两个关键词同时又是深度学习的主要特征。新结构学习结果质量体系包括:结构化知识(大概念)、结构化能力(关键能力)、结构化问题情景(真实任务)、结构化学习水平(深度学习)。大概念的本质是在认识事物之间普遍联系的基础上,以结构化模式构建各种具体内容。情景逻辑也是结构化的,是要把教材的内在逻辑与学生学习结合起来。"结构""联系""迁移"是深度学习的主要特征,也是能力进阶的主要标志与方法。

在教学中,每一个维度的结构不同(首先要认识到它们都是有结构的),其评价递阶和评价方式也不同。新结构教学评框架是以框架来指导教学设计、课堂教学和课堂评价的工具(图4-1、表4-1)。

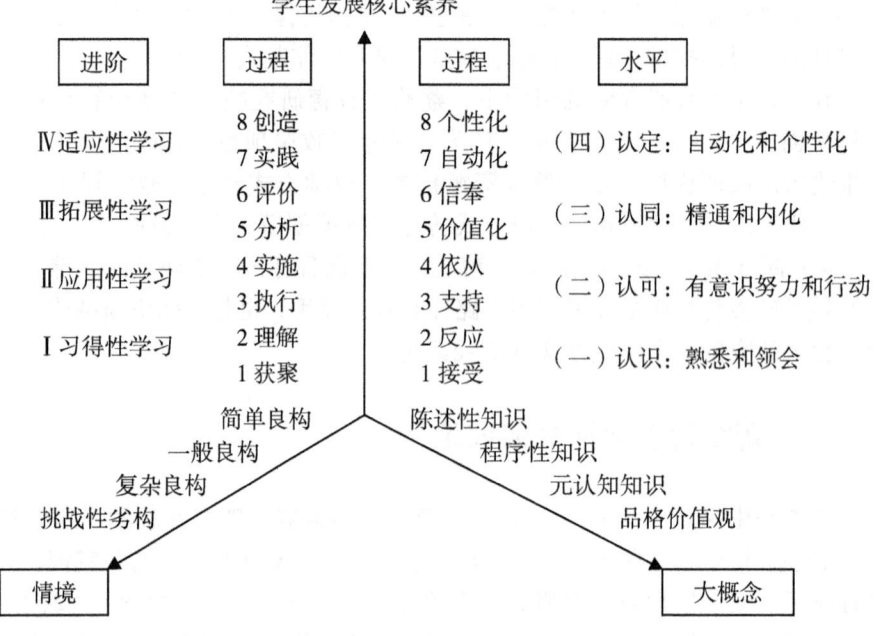

图4-1 新结构学习结果要素图

表 4-1 新结构教评框架表

| | | 学习进阶 | 基本学习力 | | | | 高阶学习力 | | | |
|---|---|---|---|---|---|---|---|---|---|---|
| | | | I 习得性学习 | | II 应用性学习 | | III 拓展性学习 | | IV 适应性学习 | |
| | | 学习过程 | 1. 获取—接受 | 2. 理解—反应 | 3. 执行—支持 | 4. 实施—依从 | 5. 分析—价值化 | 6. 评价—信奉 | 7. 实践—自动化 | 8. 创造—个性化 |
| 能力 | 知行进阶 | 陈述性知识 | 表现 | 表现 | 表现 | 表现 | 表现 | 表现 | 表现 | 表现 |
| | | 程序性知识 | 表现 | 表现 | 表现 | 表现 | 表现 | 表现 | 表现 | 表现 |
| 知识 | 大概念 | 元认知知识 | 表现 | 表现 | 表现 | 表现 | 表现 | 表现 | 表现 | 表现 |
| | | 品格价值观 | 表现 | 表现 | 表现 | 表现 | 表现 | 表现 | 表现 | 表现 |
| | | 情境 | 简单良构 学科内教学 | | 一般良构 学科内应用 | | 复杂良构 学科内综合应用/跨学科应用 | | 挑战性开放性劣构 真实世界不可预测情境中的应用 | |
| | | 水平 | 水平一：认识—熟悉和领会 | | 水平二：认可—有意识努力和行动 | | 水平三：认同—精通和内化 | | 水平四：认定—自动化和个性化 | |

## 二、新结构"教学评"框架视域下的"4+X"素养课堂

在新结构"教学评"框架理论启发下,广州市荔湾区教育研究团队建构了"4+X"素养课堂模型。设置这个模型主要基于以下内容。

(一) 通用素养和领域素养

中国教育创新研究院团队把国际流行的 18 项核心素养分为通用素养和领域素养两个维度,通用素养是指超越特定领域的素养,如高阶认识、个人成长及社会发展;领域素养是指与某个特定内容领域密切相关的素养,如语言、数学、艺术、科技等(表 4-2)。

表 4-2 通用素养和领域素养

| 维度 | 核心素养 |
|---|---|
| 通用素养 | 高阶认识:批判性思维、创造性与问题解决、学会学习与终身学习<br>个人成长:自我认识自我调控、人生规划与幸福生活<br>社会发展:沟通与合作、领导力、跨文化与国际理解、公民责任与社会参与 |
| 领域素养 | 基础领域:语言、数学、科技、人文与社会、艺术、运动与健康<br>新兴领域:信息、环境、财商 |

(二) 四个关键能力

借鉴以上研究,广州市荔湾区教育研究团队从教学实践出发,将核心素养构成用"4+X"式子来表达。

"4+X"中的"4"是 4 个关键能力,"X"是学科素养,是从教学组织的角度提出来的。

2017 年 9 月,中央办公厅、国务院办公厅印发《关于深化教育体制机制改革的意见》:"要注重培养支撑终身发展、适应时代要求的关键能力。在培养学生基础知识和基本技能的过程中,强化学生关键能力培养。培养认知能力,引导学生具备独立思考、逻辑推理、信息加工、学会学习、语言表达和文字写作的素养,养成终身学习的意识和能力。培养合作能力,引导学生学会自我管理,学会与他人合作,学会过集体生活,学会处理好个人与社会的关系,遵守、履行道德准则和行为规范。培养创新能力,激发学生好奇心、想象力和

创新思维，养成创新人格，鼓励学生勇于探索、大胆尝试、创新创造。培养职业能力，引导学生适应社会需求，树立爱岗敬业、精益求精的职业精神，践行知行合一，积极动手实践和解决实际问题。"

我们把这4个关键能力融入"4+X"中的"4"，具体表达为：学习力，具体表现为信息加工、知识建构、学会表达；合作力，具体表现为社会参与、自我管理、学会合作；思维力，具体表现为理性思维、批判质疑、创新意识；实践力，表现为知行合一、解决问题、迁移运用的能力（图4-3）。

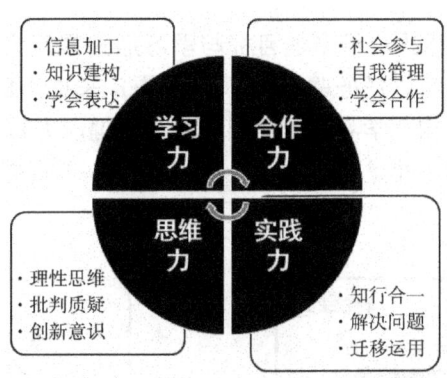

图4-3　4个关键能力

## （三）"X"学科核心素养

"X"指向学科核心素养，是对学科知识、技能、方法、思维、习惯、价值观等提出的特定要求，是一个变量，是关键能力培养的内容和载体，是素养形成的"独特"养分。通过该学科知识的学习，为学生认识周围世界提供不同路径和视角；通过该学科学习，掌握该学科发现问题、解决问题的思维方法；通过该学科的学习，获得该学科特有的学习体验和经历（图4-4）。

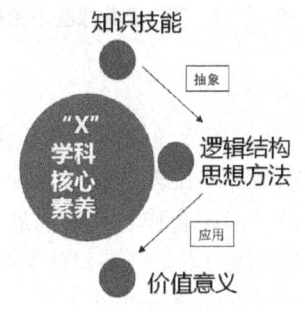

图4-4　"X"学科核心素养

在具体教学组织形式中如何把核心素养目标分解到教学活动当中，如何推动学生有效进行学习实践达成素养目标，又是如何收集及评价学习目标达成信息的？新结构"教学评"框架把课堂教学分为3个维度：学习活动、教学内容和素养目标，同时又把各维度按照逻辑分层。为了让教师更直观地理解把握，我们把核心素养定义为4个关键能力，把学科教学内容定为X，把教学任务（活动）设计用4种学习作为指向。

（四）"4+X"素养课堂理论模型

"4+X"素养课堂构成模型的目标与学习形式是互为作用的。自主学习、合作学习、探究学习是以任务驱动学习（情景）来推进的，教学评价嵌入其中，秉承学生进入结构化学习任务，形成4个关键能力目标。"+"不是关键能力和学科素养相加，而是通过学科任务的学习，习得关键能力，形成核心素养（图4-5）。

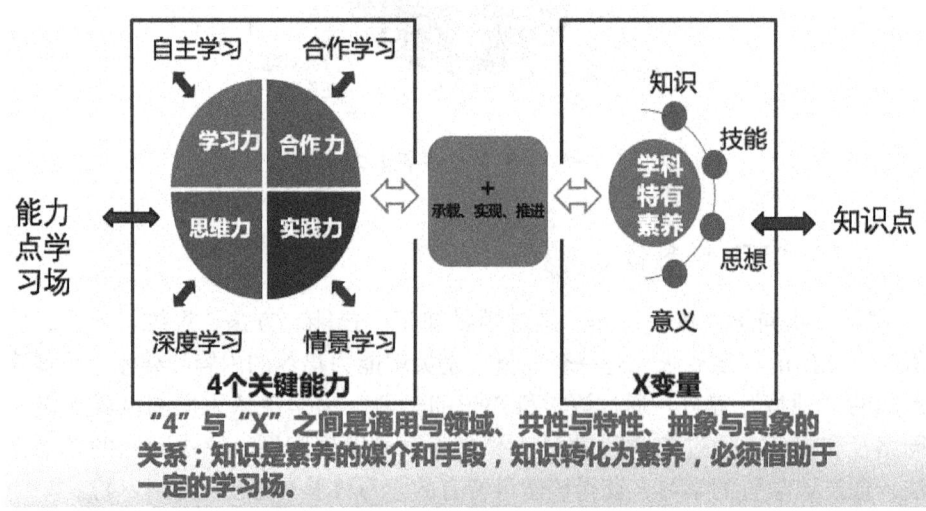

图4-5　"4+X"素养课堂理论模型

"4+X"素养课堂的基本特征：

（1）以学习者为中心，从知识传递转向生命价值的挖掘与提升。

a. 从知识本位教学走向素养本位教学；

b. 教学方式是从课堂讲授走向合作、探究、展示。

（2）从单一讲授到基于项目的学习任务设计转变。

a. 教学设计从独白式情景走向复合式情景；

b. 从知识模型的学习走向实践应用、解决问题的学习。

(3) 教师角色转变，从单一的知识的传授者转变成学习活动的组织者。
a. 构建以学为中心的教学模式；
b. 教师由"演员"转变成"导演"。
(4) 教学评价从单一评价走向综合评价。
a. 评价内容多样；
b. 评价主体多元。

## 三、小学道法"4+X"素养课堂教学模型

把"4+X"素养课堂构成模型放在小学道德与法治课堂，虽然明确了要教什么，但是怎么教、教到什么程度，如何呈现和评价学习结果仍然是一笔糊涂账。

新结构教学评教学范式离不开任务式学习，在"教学评"一致性的要求下，课堂教学离不开三个支架：学习任务、学习活动、表现性评价。

道德与法治学科任务学习既要坚守知识立场，完成知识构建，又要显现学习者实践体验、学习感悟与反思，所以任务情景的设计尤其重要（任务以问题为线索）。情景不但要真实，适合学生的角色，同时要有一定的开闭（问题层次）要求，这就是结构化的问题情景。结构化的问题情景可以为知识学习、能力发展留有更广阔的进阶空间。在教学评设计中，除了以评促教、以评促学、以评育人之外，为了让学习可见，还采用了结构化的情景、结构化的知识、结构化的能力目标互为联系的方式。下面是运用新结构教学评框架构建的小学道德与法治"4+X"素养课堂模型和教师课堂教学评价表（表4-3、表4-4）。

表4-3 小学道德与法治"4+X"素养课堂模型

| 教学流程 | 教与学的方式 | | 评价 | 素养（4+X）发展，对应能力进阶 |
|---|---|---|---|---|
| | 教（问题情景） | 学（任务完成） | 表现性评价、作业评价 | |
| 问题情景 | 基于学情，创设关键问题，设计情景任务（简单良构） | 问：进入角色，初步认知 | 学习目标呈现任务作业 | 调用已有的知识与经验，在观察、比较中，产生新的问题与认知，发展学习力 |

续表

| 教学流程 | 教与学的方式 | | 评价 | 素养（4+X）发展，对应能力进阶 |
| --- | --- | --- | --- | --- |
| | 教（问题情景） | 学（任务完成） | 表现性评价、作业评价 | |
| 体验探究 | 引导发现新的问题，解决问题（一般良构） | 探（演）：发现新问题任务驱动，互助探究 | 用表现性评价工具进行态度评价、过程状况 | 通过分析、比较、质疑、联想、归纳等思维参与，形成道德认知与行为指引，发展思维力、合作力 |
| 感知（构建）感悟 | 创设多样情境，突出冲突点（复杂良构） | 悟：思辨感悟，统一认识 | 用表现性评价工具学习结果 | 通过试验、行为，形成道德认同和道德行为，发展学习力、思维力、合作力 |
| 迁移应用 | 练习与评价、反馈（挑战性劣构） | 行：迁移反思，日常实践 | 作业练习，学习成果展示 | 实践、应用，养成积极态度、道德品质与行为习惯，发展实践力 |

表4-4 荔湾区小学道德与法治学科"4+X"素养课堂教学评价表

| 一级指标 | 二级指标 | 三级指标 | 评价等级 | | |
| --- | --- | --- | --- | --- | --- |
| | | | A | B | C |
| 教师教学 | 教学目标 | 1. 坚持正确的政治方向，符合学段要求 | | | |
| | | 2. 有明确、具体的发展学生核心素养的目标 | | | |
| | | 3. 教学目标达成度高 | | | |
| | 教学过程 | 1. 及时将党和国家重大实践和理论创新成果引入课堂，体现时效性 | | | |
| | | 2. 把握教学内容的内在联系，密切联系社会生活和学生生活实际，体现生动性、新颖性 | | | |
| | | 3. 教学重难点突出，揭理正确，具有深刻性 | | | |

续表

| 一级指标 | 二级指标 | 三级指标 | 评价等级 | | |
|---|---|---|---|---|---|
| | | | A | B | C |
| 教师教学 | 教学过程 | 4. 注重情感体验，晓之以理，动之以情，体现人文温度 | | | |
| | | 5. 恰当运用信息技术教学手段，做到适时、适度、适量 | | | |
| | | 6. 注重激发学习兴趣，发挥学生主体性 | | | |
| | 教学基本功 | 1. 精心组织教学活动，优化导学案和学习活动的组织管理 | | | |
| | | 2. 教学语言富有感染力 | | | |
| | | 3. 板书设计合理、美观 | | | |
| | | 4. 关注反馈调控，适时指导，及时调整预设的教学活动 | | | |
| | | 5. 及时回应学生的发言，关注学生的进步 | | | |
| 教学特色 | | | | | |
| 综合评价 | | | | | |

以上依据新结构教学评框架构建的小学道德与法治"4＋X"素养课堂模型的流程反映出如下几个问题。第一，强调心理建设与道德行为学习。第二，强调角色认知、情境体验学习。教学情境的重要作用在于还原学生生活经验，把学生带进遇到的"生活困境"中展开实践学习活动。这要求教学要引导学生洞察生活、感受生活、发现问题。第三，强调问题导向，任务驱动，有多维参与的探究学习。学生在探究中，进行信息选择、提炼、推理，最后整合经验，完成学习的自我建构——"学习力"的表现。道德认知必须是自我建构而非被教会的，这个认知过程就是本学科实践"思维力"的表现。第四，强调有反思与迁移的适应性学习。要求学生体会角色，讨论角色，换位思考，进行移情体验、反观自身，达到价值体验、生命体悟甚至实践运用的效果。第五，强调协同教育的合作学习。学生通过合作进行角色体验与角色互换，分析感受角色，完成解决问题的任务。这一学习过程为每一个学生提供充分拓展、表达和经历的机会，使每一个学生都成为受教育者和教育者。

学生评价主要涉及价值观念、学习态度、过程表现、学业成就等方面，贯穿道德与法治课堂学习的全过程和教学的各个环节，努力实现"教学评"一致性，主要从学生学习过程表现性评价与学习结果评价两方面进行。

## 第二节 教育戏剧道法学科课堂生成

### 一、教育戏剧道法学科教学要求

教育戏剧教学是一种实践型教学，其围绕教学目标，关注发现问题、解决问题、形成共识，强调学习的主动性、活动性、情境性与协同性。这一教学过程将学习定义为意义与关系的建构，是学习者在情感和认知评价上的改变，"重视问题的解决，通过仪式、戏剧化的遭遇、手势、场面、角色写作和反思，参与者进入想象中的角色的心灵，回应挑战和危机"[①]。教育戏剧教学所具有的思想性、体验性、活动性、思辨性、协作性等天然地适合道德与法治学科实践特征和要求。

道德与法治课程标准着重提到以热点分析、角色扮演、模拟活动等实践开展体验式教学，这些实践都需要角色代入，教学形式一般就是角色扮演。教学中，通过角色演绎来推动事件发展，让学生以一种真实、可信的方式回应，从而在认知冲突中重新构建认知模型。因此，道德与法治教育戏剧教学作为学科实践方式，是立足于小学道德与法治教学内容，以关键问题为导向，以完成戏剧情节为任务，开展能力与思维训练，完成道德认知建构，进行反思与迁移的一种活动。将教学戏剧运用于道德与法治教学，需要做到如下几点。

第一，紧扣铸魂育人目标，关注学生在戏剧实践中的成长。教育戏剧学习只是借用戏剧的形式推进学生的学习，促进学生个性化与社会化等方面的成长。

第二，必须创设具有"冲突"且是能引起思考的真实情景。有"冲突"就会有问题，有问题才有探究的意义。要引导学生观察和感受、洞察生活，将生活经验带进课堂学习之中。戏剧情景可为教学提供生动有趣、自我激励、引人深省的环境，戏剧活动能提升人的表达力、自尊心和荣誉感。在这样的情境中，学生得以不断深入学习，进入沉浸式学习状态。

第三，强调学习的主体性、合作性和深刻性。学生以合作的方式全员参

---

① Wagner B. J. Educational Drama and Language Arts: What Research Shows [M]. Portsmouth, NH: Heinemann, 1998.

与,用戏剧的方式探究问题,强化体验、推理、反思与迁移的教学,关键能力和素养得以发展,自尊心和道德感得以增强,心理过程及逻辑思维得以形成。"通过体验式、预习性、合作式等实践活动,有效解决教育中认知、行为与情感脱节,道德培养过程与情感体验脱节的难题。"① 教育戏剧的实践过程实质上就是自我对照、自我认知、自我教育的过程。

第四,结合内容需要灵活运用戏剧教学模式。教育戏剧形式可以是戏剧表演、角色评议等,戏剧可以是一个完整的情节,也可以是一个片段或角色的再现,强调其作为学生在活动中运用多种知识、技能、思维展开综合性学习的载体。

## 二、教育戏剧道法学科教学流程与操作要领

根据学科实践过程"感受性—思维力—适应性"特征,道德与法治教育戏剧教学的出发点是对问题情景的感受,关键点是问题的探究。教学设计强调围绕学习目标设计情境(故事情节),抓住关键问题设计学习任务,形成问题链和任务链;进而通过戏剧演、议,培养学生观察、推理、想象、判断、表达能力,实现认知建构;学会反思与迁移,实现社会应用与生命体悟。其教学流程可归纳为:确定目标与问题—任务发布与戏剧预设—演议评述与认知构建—反思迁移(图4-6)。

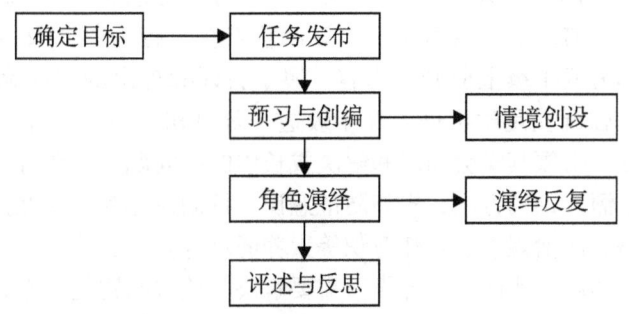

**图4-6 教育戏剧教学流程**

在这一教学流程中,可以根据问题解决与迁移情况,开展不同模式的戏剧活动,如故事戏剧教学、角色戏剧教学、过程戏剧教学等。

在教学过程中,须注重以下操作要领。

---

① 王婷. 教育戏剧——德育育人新范式[J]. 中国戏剧, 2021 (11): 81-82.

## （一）聚焦意义与关系建构，提炼戏剧主题

教育戏剧主题的设计可以道德与法治教材单元主题为依据，设置序列小主题。以五年级下册为例，该册单元主题包括"我们是一家人""公共生活靠大家""百年追梦　复兴中华"。聚焦意义与关系建构，教育戏剧主题可总体提炼为"我的家""我的社区""我的国家"，学习过程将围绕这三大主题，引领学生探讨"我"的角色、"我"该如何做等问题。在大单元主题的统领下，提出每一次教育戏剧的小主题，即本节课需解决的目标与问题。例如，"我们是一家人"一课可围绕"沟通—责任—家风"这一主题，展开戏剧情节和角色设计，让学生通过演绎各种角色，聚焦"我"完成意义与关系的重构。

## （二）设计关键问题与任务，编写戏剧"导案"

道德与法治教育戏剧教学突出学生的主体性，剧本编写或简单的角色设计一般由学生在教师引导下自主完成。教师的作用主要在于关键问题和任务设计，从而形成这一学科实践的"导案"。"导案"既是戏剧的脚本，也是教本和学本。以学科知识为基础的实践活动是基于学科大观念、关键问题的任务型综合性学习活动，教育戏剧"导案"编写本质上是素养导向的道德与法治教学设计的过程提升。

以五年级上册第一单元第三课"主动拒绝烟酒与毒品"第三课时"拒绝危害有方法"为例，该课由"烟酒有危害""毒品更危险""拒绝有方法"三个话题组成。在前面学习的基础上，该课重点在于行为落实及拒绝方式的学习。该单元作为五年级上册开篇内容，属于新课标提出的"生命安全与健康教育"主题，强调立足学生进入高年级这一阶段知识与生活经验增多、自主性增强的实际，引领其学会面对和解决成长中的新问题。该课旨在让学生学会主动拒绝烟、酒、毒的方法，提高防范意识、抵制诱惑和自我保护能力，主要指向健全人格、法治观念、责任意识等素养的培育。

根据已有的教学实践，该课学习需要解决的关键问题是：作为小学生，如何安全有效地拒绝烟、酒、毒，做遵纪守法的小公民？围绕这一关键问题，可设计系列小问题，从而形成问题链：面对"第一支烟、第一口酒、第一次毒"的诱惑，应该怎么做？为什么要远离不适宜未成年人出入的场所？如何拒绝和求助？围绕这一问题链可设计四个学习任务。任务一：回忆、讨论与推测，我面临第一次的诱惑时，我是怎么想、怎么做的；任务二：收集整理"未成年人禁入""未成年人禁止"等的标识，说说使用这些标识的依据和理由；任务三：讨论如何拒绝和求助，这样做的意义是什么；任务四：用思维导图总结"拒绝有方法"的学习成果。

关键问题与任务的提炼便成为该课戏剧教育的"导案",帮助教师和学生明确学习目标和任务。由此,师生围绕任务设计戏剧情节与不同角色。如情节一:"三个第一次"的场景;情节二:两个专家(警察和居委主任)引入未成年人禁止烟、酒、毒的情景和话题,解决问题的场景;情节三:创设一个关于拒绝烟、酒、毒的具体故事情境。

### "三个第一次"的场景(角色演绎)

场景一:

放学路上,小辉递给小明一支烟,说:"试试抽一支吧,反正老师也看不见。"旁边的小军说:"我老爸说抽烟能让人忘记烦恼呢。"

小辉又接着劝:"还想什么?试一口呗,又不会上瘾的!"

小明伸出了手。

场景二:

小丽去参加玲玲的生日会,玲玲提议:"今天是我的生日,我们喝点酒来庆祝一下吧!"

小丽说:"我们还未成年,不能喝酒吧?"

玲玲说:"不怕的,这是低度的果酒,喝了也不会醉。"

其他人也附和:"好想试试,就喝一小口吧。"

小丽面露难色。

场景三:

坐高铁时,小杰对面的陌生人递给他一瓶饮料:"小帅哥,坐这么久高铁口渴了吧?我多带了一瓶可乐,请你喝,咱们交个朋友吧。"

小杰:"咦,这款可乐我从来没见过……"

陌生人忙说:"喝吧,喝吧,这是新出的牌子。"

小杰犹豫不决。

### 解决问题的场景("专家外衣")

大家好,我是(　　)警官,今天,我受到李老师邀请,来为大家宣讲一些法律知识。

同学们请看,这是《中华人民共和国未成年人保护法(2024年修正)》第五十八条的内容:(点击播放视频)学校、幼儿园周边不得设置营业性娱乐场所、酒吧、互联网上网服务营业场所等不适宜未成年人活动的场所。营业性歌舞娱乐场所、酒吧、互联网上网服务营业场所等不适宜未成年人活动场所的经营者,不得允许未成年人进入;游艺娱乐场所设置的电子游戏设备,除国家法定节假日外,不得向未成年人提供。经营者应当在显著位置设置未成年人禁入、限入标志;对难以判明是否是未成年人的,应当要求其出示身份证件。

(点击下一页)

除了第五十八条之外，《中华人民共和国未成年人保护法（2024年修正）》第五十九条还规定了：禁止向未成年人销售烟、酒、彩票或者兑付彩票奖金。

大家听完后有什么问题想问我呢？

（预设问题：为什么要限制我们去这些地方呢？）

这个问题提得好，我带来了一个案件，大家看一看。

（播放视频《学生网吧上网，不料染上怪病》）

同学们看看，网吧、酒吧、歌舞娱乐场所等地方人流复杂，藏着许多危险。同学们由于受到年龄、智力发展、社会经验等限制，身心发育还不健全，极容易受到不良行为的影响，为了保护未成年人免受不良影响，保障未成年人的身心得到健康发展，所以法律禁止未成年人进入一些不适宜的场所。

（预设问题：在课余时间，有哪些地方适合我们去玩呀？）

今天跟我一起来的还有社区居委会的冯主任，让她来解答你的问题最合适了。

冯主任：

同学们好，我是金花社区居委会的冯主任，我来解答一下同学们的疑惑。其实，在课余时间，同学们可以去的地方可多了（点击PPT），这是我们金花社区的爱卫长廊，还有附近的图书馆、博物馆、爱国主义教育基地，同学们可以在这些地方增长见闻。

（播放下一张）我们社区还有篮球场、羽毛球馆，附近还有游泳馆，这些地方都可以让大家锻炼体魄。

（播放下一张）同学们还可以像我一样，学当一名志愿者。你们看，暑假的时候，芦荻西小学的一批学生就到了陈氏书院，当上了文明旅游引导志愿者，他们的表现可好了，受到了不少游客的好评。

（播放下一张）我们附近还有风景优美的流花湖公园，以及可以娱乐、品美食、学习的永庆坊，这些地方都适合跟家人或好朋友去放松身心了。

大家听了我刚刚的介绍，是不是感觉跃跃欲试呢？希望同学们利用课余的时间增长见闻、强健体魄，做有意义的事情。

陈警官：

谢谢冯主任的介绍。

同学们，法律就在你们身边，它就像一块无形的盾牌在保护你们，大家要学法、知法，更要守法，主动远离危险烟酒与毒品的伤害。今天，我们的法律宣传就到这里了，同学们再见。

## (三）聚焦问题解决与迁移，展开戏剧活动

演议评述、认知构建、反思迁移三个环节是教育戏剧教学的关键环节，集中在课堂进行。教师在教学过程中可综合运用教育戏剧的不同模式与策略。

荔湾区道德与法治学科根据区域研制的新结构教学评框架视阈下的素养课堂教学流程，运用教育戏剧教学方法创建出素养课堂模型，在实践运用中，各学校以此作为基本模型，成功开展了各种课堂教学的变式研究。如广雅小学"雅园红"思政大课堂建设模型；康有为纪念小学探索的模型变式，以"演—议—述—评"四个环节引导学生通过角色扮演、模仿、游戏等方式参与戏剧表演和创作，在合作与实践中创造新意义，实现道德认知构建；芦荻西小学在"4+X"素养课堂教学模式的基础上探索"问—演—思—行"教学模型，将四力的培养与素养的协同发展有机整合；合兴苑小学探索"课前延伸—课内探究（激趣导课—探究明理—巩固检测—实践导行）—课后延伸"的课程框架，突出以生为本、自主学习；汇龙小学将道德与法治课堂教学归为教学四要素：情境、体验、交流、导行，教学四环节：①情境导入，激发情感；②活动体验，问题探究；③交流反馈，内化升华；④联系实际，拓展导行。

以康有为纪念小学道德与法治课堂的"演—议—述—评"教学新范式为例，分析其是如何将教育戏剧融入小学道德与法治学科教学，体现新结构教学评视域下的素养课堂教学理念的。

康有为纪念小学道德与法治课堂以"演—议—述—评"四大环节螺旋推进组织课堂教学，建构小学道德与法治课堂教学新范式。

**1. 演：身临其境地体验与共情**

道德与法治课程以"成长中的我"为原点，由"自我认识"到"我与自然""我与家庭""我与他人""我与社会""我与国家和人类文明"，不断扩展学生的认识和生活范围。教师要充分研读教材，找准切入口，利用戏剧与教材内容的有机结合，将戏剧元素或形式作为工具或载体，如运用模仿、游戏、仪式、扮演等戏剧的元素使课堂变成鲜活的道德实践剧场，在情境中调动学生的过往经验和认知，利用情境的生成性发挥学生的自主表达和想象来体验文本中的知与情。

（1）演生活。道德与法治课程的内容与学生生活息息相关，"充分考虑学生的生活经验，通过设置议题，创设多样化的学习情境，引导学生开展自主、合作的实践探究和体验活动，帮助学生形成正确的价值观"[①]。教师可以学生

---

① 中华人民共和国教育部. 义务教育道德与法治课程标准（2022年版）[M]. 北京：北京师范大学出版社，2022：2-3.

的真实生活作为戏剧与教材的切入点，结合教材内容创设生活化的戏剧情境，引导学生自然地代入角色，在戏剧活动中亲历道德抉择的两难，激活自身的成长经验与社会认知，在"他我"的体验中完成道德判断，形成正确的价值观。

以统编版四年级下册第一单元第一课"好朋友　真友谊"这一板块的教学为例，教师创新"剧本式"预习单，引导学生聚焦朋友交往时的困惑点，模拟当时遭遇的境况，以小组为单位进行合作创编，以动作、语言模拟或道具运用来表现主人公当时的交友经历、情绪、矛盾心情等，从而将学生置于角色所处的问题情境之中。教师把课堂变成剧场，根据预习情况设计"礼物""竞选""秘密"三幕情景剧，以教师入戏创设情境，以小组演绎交友故事展现交友困惑，引导全体学生在"信以为真"的情境中参与剧情发展，有的学生即兴扮演剧中人的同学，对其进行情感投入的规劝；有的小组即兴续演，为剧中主人公提供交友良方……生活化的角色扮演促使学生产生移情体验，设身处地地感知朋友的情绪，理解朋友的处境，面对与朋友交往时的迷茫与挣扎，做出道德思考和价值判断，从而深刻理解"真友谊"的内涵。

（2）演经典。古人云："以人为镜，可以明得失。"榜样是看得见的哲理、触得到的力量，是有形的正能量、鲜活的价值观。从古到今，杰出人物被载入史册，成为代代传颂的经典。教师可以把经典故事、人物作为戏剧与教材的切入口，深挖教材内涵与外延，把课堂演变为经典重现的剧场，运用杰出人物强大的道德感召力和精神推动力，引导学生在演绎经典的过程中，感英雄之所感，为英雄之所为，构筑起坚实的"道德高地"。

以统编版五年级下册第三单元第一课"虎门销烟"这一板块的教学为例，教师引导学生在收集虎门销烟的历史资料的基础上，小组合作分幕演绎历史剧《虎门销烟》。生涩的故事文字一旦成为鲜活的戏剧，学生的学习热情就会被点燃。他们在LED背景的变换中，在自制的道具烘托下，把当时以权谋私、蛊惑皇上的群臣演绎得入木三分，把力排众议、奋勇抗争的爱国英雄林则徐立体地呈现在课堂上。在被戏剧焕发出生命活力的课堂中，无论是演员还是观众都沉浸其中，亲历那个被外国霸权欺凌的时代，感悟落后就要挨打，感受民族抗争精神的巨大力量，在心中埋下为中华之崛起而读书的信念。

（3）演仪式。"戏剧结构在某种程度上可以说是一种礼仪组合。"[①] 仪式都有相对固定的规程，带有表演性，戏剧性的元素使仪式的文化传承具有体验感与情感性，从而实现其教育目的。教育戏剧常常运用"集体仪式"烘托教学的氛围，同时也运用这种"集体仪式"使得学生在情感上达到共鸣，将道德认知情境化，从而促进学生道德情感的生成，这是通过集体表演所产生的仪

---

① 胡志毅. 神话与仪式：戏剧的原型阐释［M］. 上海：学林出版社，2001：198.

式效应所具有的育人价值。① 小学道德与法治课堂中可以运用"集体仪式"引导学生反思行为或事件的过程，在仪式的烘托中情感升华至一种庄重的状态。

以统编版五年级下册第三单元第一课"虎门销烟"这一板块的教学为例，教师在最后一个环节中以电影片段带领学生"参加"香港回归的庆典，亲历降下英国国旗、五星红旗在香港冉冉升起的历史性时刻。学生行队礼、唱国歌，在这样诗化的教育活动中，将民族复兴、吾辈当自强的使命感与责任感深刻地烙印在心中。

仪式过程中"游戏""想象""创造"等是儿童心智成长的重要条件，通过仪式过程可以促进儿童的社会性发展。传统民风习俗、会议、庆典等都具有独特的仪式，通过戏剧扮演将其引入道德与法治课堂，不但能学习仪式的内容，还能让学生体会仪式所蕴含的道德行为规范与情操。

（4）演绘本。因应小学生特别是低年级学生的学习能力、认知水平及生活经历经验，绘本在小学道德与法治教学中发挥着重要的助学作用。小学道德与法治教材富含插图，在低年段的教材中，绘本故事是每一课中的一个栏目，是重要的教学资源。绘本故事图文并茂，通俗易懂，不但能激发学生的学习兴趣，更是烘托氛围，引导学生掌握故事情节、感受人文内涵的有效抓手。教师可以充分运用教材中的绘本故事，引导学生扮演其中的角色，在模仿的过程中逐步融入自己的生活经验与思考。学生在演绘本的过程中既会参考真实的经验，同时也会根据自身经验进行创造，由此建构起自我与他人以及社会的关系。

除了演绎教材中的绘本短剧外，教师还可以根据单元主题补充绘本故事，组织学生阅读、模仿、排演。教师在选择绘本资源时，应注意分析绘本的教学价值，力求以学生的需求为出发点，使绘本兼具艺术性、趣味性、教育性，促进学生在体验和感悟中展开道德思考。② 通过演绘本给学生更充分的观察、想象、思考和实践的机会，让道德思辨在潜移默化中完成。

**2. 议：道德两难的思辨与抉择**

如巴赫金所说，"一切莫不都归结于对话，归结于对话式的对立，这是一切的中心。一切都是手段，对话才是目的。单一的声音，什么也结束不了，什么也解决不了。两个声音才是生命的最低条件，生存的最低条件"③。教育戏剧融入道德与法治课堂，"演"是"信以为真"的情境构建，是体验，是基

---

① 王毅. 学校教育戏剧研究——从"英美经验"到"中国实践"[D]. 上海：华东师范大学博士学位论文, 2019.

② 王静娟. 立足儿童立场，构建小学品德拓展性课程[J]. 浙江教育科学, 2016（3）.

③ [苏] M. 巴赫金. 诗学与访谈[M]. 白春仁, 顾亚铃, 等, 译. 石家庄：河北教育出版社, 1998：340.

础，犹如百丈高楼的坚实地基，要达到教育目标，光靠"演"是不够的。在戏剧进行中或者结束后，教师要有意识地引导学生抽离演出状态，从旁观者的角度反思戏剧过程，这便是"议"。"议"是"演"的深化，教师要抓住戏剧过程中的矛盾冲突点、抉择困惑点适时采取"定格"等方式，通过师生、生生对话，议冲突的根源，议困惑的原因，议抉择的建议，甚至可以议"事件重启"，等等。

以统编版四年级下册第一单元第一课"好朋友　真友谊"这一板块的教学为例，教师把整节课的教学设计为一出友情大戏，由预设与即兴相结合的三幕短剧展开。教师坚持实践体验与思辨感悟相统一，在每一幕剧"演"的过程中都注重引导学生的"议"，在"礼物"一幕之后引导学生议何为"真朋友"；在"竞选"的风波中引导学生辨析何为"合理的要求"；在揭开"秘密"后引导学生思考"对于朋友的秘密是否都要保守"；等等。每一幕的呈现都激发学生从"他我"到"自我"的不断检验，引领学生直面道德与友情的两难抉择，在教师的有意识的设疑、追问中引导学生思辨感悟，深刻认识友谊的真谛，真正产生价值认同。

把教育戏剧融入道德与法治课堂，演议结合是关键。学习过程中可采用"若我是你""良心巷""站队""思绪追踪"等策略，帮助学生探索角色内心想法，更能引导学生对事件中的关键要点、核心思想作出判断，并设身处地地在角色面临选择困境时提供不同建议。无论是角色扮演，还是集体体验、仪式化过程，通过引导学生演议结合，在虚实之间穿梭，在想象与现实的对话中获得人生体悟，促进其社会性发展。

### 3. 述：意义生成的认同与沉淀

在教育戏剧的场域下，教师要使学生"身历其境"，鼓励其在"演""议"的过程中尽可能地丰富想象，激活创造性思维，给学生更多解放思想和行为的可能，与此同时也带来了多样性与不确定性。杜威认为"反省思维的功能是把经验含糊的、可疑的、矛盾的、失调的情境转变为清楚的、有条理的、安定的以及和谐的情境"[①]。"述"就是调动学生的反省思维，让教学成为一种"意义生成"的学习。教育戏剧作为道德与法治课堂的载体，其重点是通过身体和语言的交流，引导学生明确人生发展方向。趣味、互动、体验仅仅是道德与法治课堂中教育戏剧的浅层体现，其更深层的目的在于培养学生适应未来发展的正确价值观、必备品格和关键能力。在发散性的"演""议"之后，有的放矢的"述"显得尤为关键。

---

① ［美］约翰·杜威. 我们怎样思维·经验与教育［M］. 姜文闵，译. 北京：人民教育出版社，2005：88.

"述"一般由"学生述"与"教师述"组成。学生在教师引导下回顾戏剧创演及讨论的过程,结合自己的实际情况,谈习得的经验做法、谈自身感悟、谈未来做法、谈积累的学习方法等,通过"学生述"培养学生的反思性思维,促进方法经验及道德品质的内化。"教师述"是价值引导与情感升华的结合。新课标指出,坚持教师价值引导和学生主体建构相统一,发挥教师的主导作用,晓之以理、动之以情、导之以行,做到价值性和知识性相统一、灌输性和启发性相统一。教师要敏锐捕捉"学生述"中的模糊点并加以引导,捕捉闪光点并及时肯定,帮助学生提炼观点、总结升华,从而实现正确价值观的树立、道德情操培养方向的准确把握。"述"是"演"与"议"的收拢与回归,是问题解决方法与技巧的沉淀,是从"他我"到"自我"的自省与内化,是道德情操的升华与凝练,是人格品质的塑造与锤炼。

**4. 评:贯穿始终的标杆与动力**

基于教育戏剧的小学道德与法治课堂是灵动而深刻的,评价贯穿教学的各个环节,注重及时性、表现性、生成性、鼓励性、增值性,教师可以基于教育戏剧的小学道德与法治课堂实践性、体验性等特点,可以从三个方向着力组织开展评价。一是评学习常规,包括小组合作规范、交流表达规范等;二是评戏剧素养,包括表演素养、创编素养等;三是评学习成果,包括课堂成果展示及新习得的道德规范在日常生活中的践行等。开展评价应将个人、小组和教师甚至家长的评价相结合,结合道德与法治课程学习实践性、体验性等特点,通过设计评价量表等方式,对学生的学习情况进行观察、记录,展开质性分析,同时兼顾其他评价方式的应用,以评价促进学生参与度提升、小组合作规范养成、戏剧表演素养培养、交流表达能力增强及道德规范养成等。

在道德与法治教学中运用教育戏剧手段,通过"演—议—述—评"建构小学道德与法治课堂教学新范式,四大环节螺旋推进,融会贯通,互为助力。"演"是基础,是根系,让学习者"身历其境",在体验中感知与共情;"议"和"述"是破土而出的新芽与拔节生长的枝干,是"意义生成";"评"是养分,是阳光,促进学生心中的道德之树向阳而生,根系更发达,主干更笔挺,枝叶更繁茂。

# 第三节 教育戏剧道法学科学习评价

新课标指出:道德与法治课程评价要围绕发展学生核心素养,发挥评价的引导作用,改进结果评价,强化过程评价,探索增值评价。结果评价要全面关注知识、情感和行为的发展,关注学生在学校、家庭和社会生活中的日常品行表现（图4-7）。

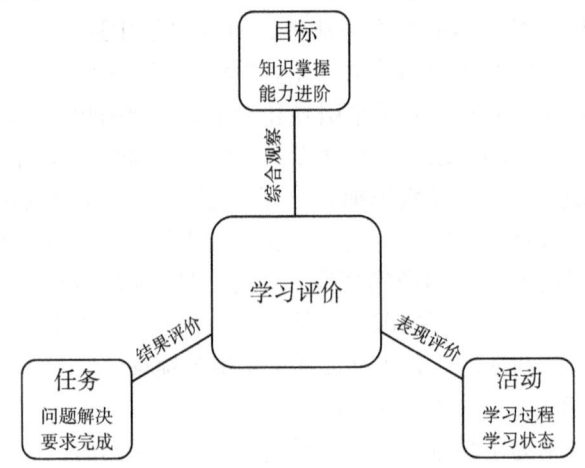

图4-7 学习评价需关注的方面

课堂评价的核心在于发挥其激励和反馈作用，教育戏剧课堂评价应以人为本，明确课堂评价标准，以评助教，不断创新课堂评价方式。基于教育戏剧的小学道德与法治课堂评价体系强调"教学评"的一致性，以"评价即教学"和"评价助教学"为理念，以表现性评价为主要评价方式，重视过程性评价和学生的元认知评价，使学生从身体、认知、情感多个层面获得生命成长的动力，因此教学评价贯穿于教学的课前、课中、课后。

## 一、课前：前置性评价

教师将教育戏剧课程与学科应用的目标定位在学生素养的提升上。学生在核心问题的驱动下，能运用戏剧表达态度、形成观点，学会运用换位思考和身体表达等探索并尝试解决学习和生活中遇到的实际问题，通过角色扮演来建构知识、发展智能，形成观点立场，探索解决问题的方法。基于此，我们设置了前置性学习评价，引导学生通过信息搜集、问题提出、角色代入、道具准备、剧本设计等五个方面，做好课前的学习准备（表4-5）。

表4–5 道德与法治前置性学习评价表

| 道德与法治前置性学习评价 | | | |
|---|---|---|---|
| 课题： | | | |
| 班级： | 姓名： | 学号： | |
| 评价指标 | 评价解读 | 自评 ★★★ | 他评 ★★★ |
| 信息收集 | 1. 结合课题，能查找如文章、新闻、视频、法律法规等相关资料并学习，了解相关背景知识和案例 | | |
| | 2. 小组交流与整理，形成小组学习资源包 | | |
| 问题提出 | 根据老师课前提出的问题或布置的任务，回忆自己的经历，提出并记录自己的问题 | | |
| 剧本设计 | 1. 能依据课题选取合适的生活素材并在小组内交流 | | |
| | 2. 根据生活经验，编写剧本，能合作完成剧情、角色和对话的设计 | | |
| 角色代入 | 1. 了解每个角色的特点、个性和行为方式 | | |
| | 2. 能根据自己/小组成员的兴趣和能力，分配角色 | | |
| | 3. 了解自己所扮演角色的特点和心理状态，进行角色分析，思考角色的动机、目标和行为方式 | | |
| | 4. 排练戏剧，能根据剧本中的对话和情境，进行角色扮演，更好地理解与表现道德冲突 | | |
| 道具准备 | 根据角色与剧本的需要，能制作一些简单的道具和服装 | | |
| 其他维度 | （教师依据实际按需填写） | | |

在前置性学习评价中，教师可根据本课的学习目标及道德与法治核心素养，布置前置性学习任务，设定评价目标，评估学生对本课知识的理解程度、对角色扮演和情境模拟的参与程度等。接着，根据以上表格，学生自己、老师、组员等依据前置性学习任务有选择性地进行评价操作。例如，可以通过观察学生的表现，记录他们在角色扮演中的表演水平、参与度和合作能力等方面的表现；或者通过学生的剧本、学习单等评估他们对道德与法治知识的理解和应用能力。每一维度对应不同的评价标准，在完成相关评价后，教师可以分析学生的表现和问题，并对评价结果进行总结和归纳，找出学生的优势和不足之

处并给予学生及时的反馈和指导,及时调整教学策略,如对教育戏剧的融入方式、教学内容和活动设计进行调整,以提高学生在课堂的学习效果和参与度。

## 二、课中:提升性评价

教育戏剧评价体系旨在培养学生的自我评价能力,让学生成为课堂的主人,成为评价的主体。在这样的评价中,与学生分享学习目标,教师的主要任务是辅助学生对自己的学习负责,辅助他们进行自我评价。

基于教育戏剧的课堂特点和道德与法治学科的课堂理念,经过归纳、分类、提炼,我们设计了以下学习评价表,帮助学生明确学习目标,找准学习方向,更好地达成目标(表4-6)。

表4-6 道德与法治提升性学习评价表

| 道德与法治提升性学习评价 ||||||||||
|---|---|---|---|---|---|---|---|---|---|
| 课题: |||||||||||
| 班级: ||| 姓名: ||| 学号: ||||
| 评价标准 || 标准解读 | 自评 |||| 他评 ||||
| ^ || ^ | A | B | C | D | A | B | C | D |
| 语言<br>表达力 || 1. 声音响亮,表达流畅,态度大方 ||||||||
| ^ || 2. 思路清晰,语言生动,富有戏剧感染力 ||||||||
| 行为<br>表演力 || 1. 肢体灵活,模仿不同角色表达情绪、情感 ||||||||
| ^ || 2. 表情丰富,符合角色性格和剧情需求 ||||||||
| 情景<br>运用力 || 1. 能联系生活中的问题,结合收集到的资料,寻找合适的情景,创编故事 ||||||||
| ^ || 2. 将文本内容以戏剧的多种方式呈现 ||||||||
| 评议<br>反思力 || 1. 在情景演绎后,能够对角色或事件进行评议,反思情景的意义 ||||||||
| ^ || 2. 通过对情景呈现的问题进行探讨,能够回归生活,得到启示 ||||||||

续表

| 评价标准 | 标准解读 | 自评 ||||  他评 ||||
|---|---|---|---|---|---|---|---|---|---|
| | | A | B | C | D | A | B | C | D |
| 合作行动力 | 1. 参与小组讨论,提供合理意见 | | | | | | | | |
| | 2. 组织小组活动,分工明确,配合默契,效率高 | | | | | | | | |
| | 3. 小组讨论和思考有深度,能够呈现优质作品 | | | | | | | | |
| 其他维度 | | | | | | | | | |

我们从五个方面来设定评价,分别是语言表达力、行为表演力、情景运用力、评议反思力、合作行动力。在道德与法治课堂上,教师可根据教学目标设计教学活动,在教学活动中使用本评价表,引导学生了解学习目标,通过自评、同学评、老师评等多种方式对自己的课堂学习情况进行评价。教师可以将评价表中的"五力"渗透在课堂教学中,引导学生从这几个维度去观察自己和同学在课堂学习中的表现。除此以外,教师还可以根据具体的教学内容,结合教学目标来设定其他维度的评价标准。

## 三、课后:延展性评价

道德与法治的课堂,不应局限于教材中的内容,还应引导学生由教材中的生活世界回到他们自己的真实的现实生活中去,要在丰富多彩的社会实践活动中,增加道德体验、获得道德认知、内化道德行为。基于此,我们设计了课后的延展性评价。课后学业评价主要从单元学习小结、目标行为观测、其他实践活动这三个方面进行评价。道德与法治课堂单元授课完毕,教师可以让学生自主进行单元学习小结,并在小组内进行学习小结分享并派代表汇报收获,而后针对本单元中需要落实的目标行为,进行一段时间的观测,观察学生目标行为的落实情况、期间的完善调整与行为的积极影响。针对其他衍生的实践活动作业进行整体性评价,包括小组合作、完成形式、汇报成果(表4-7、表4-8)。

表 4-7　道德与法治延展性学习评价表

| 道德与法治延展性学习评价 |||||||||||
|---|---|---|---|---|---|---|---|---|---|---|
| 课题： |||||||||||
| 班级： || 姓名： ||| 学号： |||||||
| 一级指标 | 二级指标 | 三级指标 || 评价等级 ||||||||
| ^ | ^ | ^ || 自评 |||| 他评 ||||
| ^ | ^ | ^ || A | B | C | D | A | B | C | D |
| 课后学业评价 | 单元学习小结 | 1. 能自主概括总结本单元学习内容 |||||||||||
| ^ | ^ | 2. 能大胆分享自己的单元学习收获 |||||||||||
| ^ | 目标行为观测 | 1. 能将本单元所学知识落实到行为，并坚持一段时间（一周以上） |||||||||||
| ^ | ^ | 2. 善于听取他人建议并及时改善自身行为 |||||||||||
| ^ | ^ | 3. 能及时发现自身行为中的不足并根据所学知识，运用所学方法进行改善 |||||||||||
| ^ | ^ | 4. 能对自身行为规范有正向的促进作用 |||||||||||
| ^ | 其他实践活动 | 1. 能按要求独立完成或小组合作完成实践活动 |||||||||||
| ^ | ^ | 2. 能以戏剧、绘画、思维导图、手抄报等多种形式完成学习成果 |||||||||||
| ^ | ^ | 3. 能大胆展示独立或小组合作完成的实践成果并汇报 |||||||||||

表 4-8 目标行为观测表

| 目标行为观测表 ||||
|---|---|---|---|
| 班级： | 姓名： || 学号： |
| 目标行为： ||||
| 观测内容 | 观测等级 |||
| | A | B | C |
| 1. 是否实际行动能落实到学习生活中？ | | | |
| 2. 是否能保持目标行为一段时间（一周以上）？ | | | |
| 3. 落实过程中是否对自身产生积极影响？ | | | |
| 4. 是否能听取他人的意见及时完善存在的不足？ | | | |

综合来看，本评价方案贯穿道德与法治课程学习的全过程和教学的各个环节，教师清晰地划分了每一个教学环节各个维度的评价标准，能为学生提供有效的反馈信息，为学生对自己的道德与法治课程学习过程及结果做出客观评价提供可能，并使学习惯将持续性的评价作为完成任务的一个自然的、有意义的过程来看待。此过程中，学生能够利用评价的指标来了解自己的进步、监控自己的发展，逐渐内化评价标准，明晰自己的弱点和优点，利用所学的知识来改善表现，有利于学生对学习负起更多的责任。

# 第四节 教育戏剧道法学科作业设计与实施

## 一、作业设计目标与着力点

如果说课堂教学是主战场，那么作业设计则是后方的有力保障。道德与法治学科作为一门综合性课程，一定要摒弃低效重复、枯燥乏味的作业。

（一）作业设计与实施目标：减负、增效

基于小学道德与法治教育戏剧学习方式转型的研究，在设计作业时，无论是从作业的内容还是从形式上，都要遵循学生的心理发展特点，立足于学生的长远发展和素养目标，努力做到"精设巧练"，从而实现"减负增效"的目的。

**1. "减负"——激发学生的自主性，减轻学生的负担**

新课标指出"以学生喜闻乐见的方式，增强道德与法治教育的实效性、生动性、新颖性"，要求教师在确立教学目标时，要"根据学生年龄特征和不同学段特点对观念认知和道德品行进行科学设计"。同理，作业设计也应遵循这一原则。因此，要根据学生的认识和心理特点精心设计作业，充分利用教育戏剧趣味性强、吸引力大的特点，激发学生积极、主动地参与作业，当学生乐于并自觉完成作业时，他们就会积极地发现问题、思考问题和解决问题，作业不再成为学生的思想和学业负担，道德与法治的学习自然而然能够取得事半功倍的效果。

**2. "增效"——提高作业的实效性，提升学生的素养**

黄爱华教授认为"教育戏剧一定是在教师的组织之下，以人的活动为载体，采用即兴表演、角色扮演、模仿、游戏等方法进行教学，参与者相互之间发挥一定的想象，开展一定的智力活动，进而掌握相关技能与知识"①。教育戏剧作为教与学之间的新关系，关注学生在戏剧过程中的发展和成长。生活才是学生道德认知、道德情感、道德行为习惯的最终落脚点。因此，在设计作业时要从培养学生的素养和能力的目标出发，恰当使用教育戏剧的策略，注重生活性和实践性，引导学生在生活中运用课堂所学，在体验活动中学以致用，知行合一，不断提高学生的核心素养和综合能力。

（二）作业设计与实施着力点：演、思

教育戏剧与思政课堂融合下的单元作业设计，一方面要注重合作"演"，提高学生的学习合作力。台湾学者张晓华认为在教育戏剧中，"参与者能够在互动的关系中充分地发挥想象力，表达自我，达到与同伴沟通交流合作的目的"。合作表演作为教育戏剧的主要表现形式，有利于学生关注自我与同伴之间的关系，塑造良好的道德观念和品质，培养团体协作能力和社会责任意识。因此，教师在思政课堂教学和作业设计时，应创设学习共同体活动，鼓励学生自编、自导、自演，在学习活动的过程中学会沟通协调、分工合作的方法，培养社会交往、协同成长的素养。

另一方面要注重深度"思"，培养学生的思维创新力。习近平总书记在《思政课是落实立德树人根本任务的关键课程》中指出：思政课要用科学理论培养人，要教会学生科学的思维。② 教育戏剧的落脚点是"育人"，即通过戏

---

① 王倩. 教育戏剧的内涵、功能和实现路径——基于 Citespace 文献计量分析 [J] //广东教育学会. 广东教育学会 2019—2020 年度学术成果集（三）. 广州：广东教育学会，2020.

② 习近平. 思政课是落实立德树人根本任务的关键课程 [J]. 求是，2020（17）：4－16.

剧表演的手段最终要实现潜移默化的教育意义。要实现教育戏剧的"育人"目的，关键在于激发学生的深层思维。引导学生在戏剧情节中走进角色，在戏剧人物经历与自身认识经验的关联点甚至矛盾冲突点进行思考、反思、感悟，从而构建起新的道德认知、意识和情感。因此，教师在思政课堂教学和作业设计时，应引导学生在戏剧舞台由直观的感官体验开始，深入到心理活动，展开理性的思考分析，从而建立起生活与科学的关系，实现从感性认识到理性认识的过渡，提升理解力、批判质疑力、反思评估力及创新意识和创新实践素质。

## 二、单元作业设计与实施案例

### 人教版《道德与法治》小学六年级下册第一单元《完善自我 健康成长》

（一）单元作业设计

**1. 课程标准要求分析**

《完善自我 健康成长》单元作业设计依据《义务教育道德与法治课程标准（2022年版）》核心素养内涵、目标要求、第三学段教学目标、教材教参内容和学情分析而制定。

（1）研读《义务教育道德与法治课程标准（2022年版）》核心素养内涵。《义务教育道德与法治课程标准（2022年版）》核心素养内涵的第四条第三点：要培养学生的健全人格，积极向上。有效学习，能够主动适应社会环境，确立符合国家需要和自身实际的健康生活目标，热爱生活，积极进取，具有适应变化、不怕挫折、坚韧不拔的意志品质。基于此，本单元作业设计聚焦培养学生的核心素养目标为"健全人格"。

（2）研读《义务教育道德与法治课程标准（2022年版）》总目标要求。《义务教育道德与法治课程标准（2022年版）》总目标的第四条：学生能够正确认识生命的意义和价值，珍爱生命，热爱生活；初步具有自尊自强、坚韧乐观的心理素质和道德品质；具有理性平和的心态，能够建立良好的同伴关系、师生关系和家庭关系，树立正确的合作与竞争观念，具有团队意识和互助精神；具备积极向上、锐意进取的人生态度，能够适应变化，不怕挫折。

（3）研读学段教学目标。5—6年级学段对应的"健全人格"核心素养目标为：正确认识自己，自信乐观，与他人平等地交流与合作，建立良好的同伴关系。本单元设计了"完善自我"的学习主题，为帮助学生树立完善自我的观念，对学生的健康成长势必具有长久的意义。

(4）研读教材，分析教材内容。《完善自我 健康成长》这一单元由《学会尊重》《学会宽容》和《学会反思》三个课题组成。第一课《学会尊重》先从每个人都值得尊重的话题入手，让学生体会每个人都拥有生而为人的尊严。然后，引导学生认识尊重自己和尊重他人的内涵与方式，并努力做到尊重自己和他人。第二课《学会宽容》先从宽容对生活的价值入手，引导学生体会宽容的意义。然后，针对宽容的不计较和包容的两层内涵，引导学生体会宽容的心理过程，树立有原则、有限度的宽容意识，理解宽容亦是对他人不同兴趣爱好、观点的包容。第三课《学会反思》进入反思主题的学习，引导学生回顾个人的反思经历，认识在生活中主动反思的意义，并展开具体的反思方法的学习，帮助学生学会反思，养成反思的好习惯。

2. **学情分析**

六年级学生人际交往的范围已经从家庭、学校、社区扩展到了社会，学生已初步拥有一些与其他社会成员打交道的零散经验。教育应该在学生的社会性发展和道德发展方面有新的引导，帮助学生更好地融入社会生活，促使学生养成与其他社会成员友好交往的基本品质。其次，尊重、宽容是学生作为现代公民理应学习并发展的基本人际交往品质，也是一个追求自我完善的人所必备的品质。此外，从心理发展理论来看，六年级学生已具备一定的自我意识，有一些粗浅的、不经意的自我反思经验。一个人的成长和不断完善，离不开自我反思能力。因此，要通过引导学生学会自尊、宽容、反思，从而帮助其实现个人的自我完善。

3. **作业目标设计和作业内容**

六年级下册第一单元《完善自我 健康成长》三个课题作业目标和作业内容设计如下（表4-9、表4-10、表4-11）。

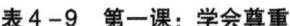

表4-9 第一课：学会尊重

| 作业设计目标 | 作业具体内容 | 作业补充说明 | 作业设计意图 |
| --- | --- | --- | --- |
| 能够主动认识并关注到我们身边值得尊重的人和群体，认识到每一个人都值得被尊重，为接下来学习尊重自己和尊重他人做铺垫 | 人人值得被尊重：思考、发现生活中有哪些人值得我们尊重，写下一两个并说明原因 | 课前作业 | 激发学生善于发现的能力，鼓励学生从生活中发现值得我们尊重的人物及其故事，懂得不同的群体都值得被尊重，也为接下来学习尊重自己和尊重他人做铺垫 |
| 1. 了解尊重自己的意义和主要表现，学会尊重自己<br>2. 提升尊重自己和尊重他人的意识<br>3. 认识到尊重他人是一个人文明素养的体现，学会从语言和行动等方面尊重他人 | 1. 给刘菲留纸条：阅读课本第4页"活动园"中刘菲的故事。给刘菲提建议，写在纸条上<br>2. 课堂小剧场：根据课本第6页"活动园"的情景，请学生分角色扮演，画面定格后小组讨论："讲道理"先生说"好脾气"先生的做法是不对的，你同意吗？如果"好脾气"先生总是这样做，以后会发生什么事情？你能给"好脾气"先生提什么建议<br>3. 人人都希望被尊重：向小组成员分享自己在生活中被人尊重的经历（对方是怎么说的？怎么做的？以怎样的神态？自己的感受如何？）<br>4. 在言行中尊重他人：<br>（1）学生表演生活中不 | 课中作业<br>借助教材情景，引导学生阅读交流、演绎讨论，懂得尊重自己与尊重他人的意义与表现 | 1. 通过阅读刘菲的事例，让学生明白缺乏自信、片面地看待自己、自我贬低的行为都是不尊重自己的表现。引导学生站在刘菲的角度思考问题，以及改善的方法。借此梳理自己的感受和认识，懂得尊重自己，包括自尊、自重、自爱<br>2. 通过生动直观的剧场表演，使学生更容易投入情景发现问题、思考问题，进而通过思维碰撞和感受，认识到面对侮辱和冒犯，要勇于维护自己的权益，这是尊重自己的表现<br>3. 联系学生的生活实际，引导学生回忆被尊重的经历，激发积极愉悦的情绪，感受尊重带来的影响，推己及人，切身感受尊重他人的重要意义，提升学生主动尊重他人的意识<br>4. 通过不尊重他人的情境 |

续表

| 作业设计目标 | 作业具体内容 | 作业补充说明 | 作业设计意图 |
| --- | --- | --- | --- |
|  | 尊重人的场景。组织讨论：这一言行为什么不尊重人？这种行为会对自己带来哪些影响<br>(2) 阅读《小小的善》，根据第10页"活动园"的情境和提示，以及生活中的类似情况，分小组排演场景 |  | 表演，激发学生讨论，认识到不尊重他人会不利于人际交往，不利于构建和谐、美好的生活，提升尊重他人的意识。引导学生阅读尊重他人的故事，根据提示排演场景，将意识转化为言行实践，在具体情境中体会尊重他人的恰当做法 |
| 了解更多有关尊重的名言和故事，激励自己做一个懂得尊重的人 | 收集和尊重有关的名人名言或名人故事，设计一张精美的名人卡片或名人报 | 课后作业 | 引导学生根据喜好制作名言卡片或名人故事报激励自己。让学生在收集名人名言或故事的过程中对尊重自己、尊重他人有更深刻的认识 |

表4-10 第二课：学会宽容

| 作业设计目标 | 作业具体内容 | 作业补充说明 | 作业设计意图 |
| --- | --- | --- | --- |
| 能够主动回忆和关注到生活中的宽容故事，初步感受宽容给生活带来的影响 | 剧说宽容：阅读课本第12页"活动园"，结合自己的经历或见闻，小组排演宽容故事 | 课前作业 | 通过故事演绎，鼓励学生再现生活中的宽容故事，直观感受宽容的美好，也为接下来的学习做铺垫 |
| 1. 体会宽容对美好、和谐生活以及个人的重要意义，培养宽容心态，学会对人宽容，懂得原谅他人的无心之失和伤害 | 1. 感谢宽容：根据小组排演展示，谈谈如果没有这些宽容，对生活有什么影响<br>2. "宽容城的悲剧"：课前演绎小组游"宽容城"，城中遭受战火，静心泉、包容镜、礼让亭等景点都被破坏， | 课中作业<br>借助介于喜剧策略，引导学生阅读交流、演绎讨论，认识宽容、感谢宽容、学会宽容 | 1. 通过展示让学生初步感知什么是宽容，交流、引导学生从反面思考缺乏宽容带来的问题，认识到宽容让生活更和谐<br>2. 通过教育戏剧"构建空间"策略，引导学生反面想象，让学生在扮演和思考中感受宽容具有让人平 |

续表

| 作业设计目标 | 作业具体内容 | 作业补充说明 | 作业设计意图 |
| --- | --- | --- | --- |
| 2. 帮助学生形成宽容要有限度、有原则的意识<br>3. 培养宽广胸怀，帮助学生形成求同存异的意识，在集体中能够包容他人的不同，努力做到和而不同 | "宽容"被人们遗忘的城市发生纷争、打斗时会怎样？想象人们可能遇到的场景，排演场景<br>3. "在拥挤的公交车上"：游完"宽容城"的一行人扮演在公车上的乘客，因为拥挤产生了许多摩擦（汽车刹车、车转弯时被挤压、被踩脚等），静止画面，乘客说出想法与感受<br>4. "啄木鸟医馆"：结合课本第15—16页"活动园"，小组讨论遇到心中的三条"小虫子"有什么影响？可以怎么办<br>5. 宽容讲原则：阅读第17页"活动园"，辨析"活动园"中的问题<br>6. 论坛剧场：<br>（1）小组扮演课本第18页的场景，讨论班级"战火"因何而起？对班级和谐有何影响<br>（2）讨论在集体中面对不宽容的观点如何求同存异，小组重演情境 | | 和、包容、礼让的作用，体会宽容对社会生活的价值以及对个人生活的价值<br>3. 通过教育戏剧"思绪追踪"策略，关注情境中角色学生的心理活动，直观展示学生原谅他人无心之失的心理过程，从而引导学生以宽容之心对待他人的无心之失<br>4. 通过阅读提示与联系生活，帮助学生思考心怀愤怒、心生报复、拒绝原谅的想法可能带来的后果，从而启发学生在遇到问题时消灭隐藏在心中的三条"虫子"，学会宽容待人<br>5. 通过阅读与辨析帮助学生认识宽容不是纵容，形成宽容要有限度、有原则的意识<br>6. 通过教育戏剧"论坛戏剧"策略，再现在集体中不宽容观点、不包容行为，通过展示和讨论认识这种行为对班级生活的影响；通过讨论与重新演绎，帮助学生加深对宽容的理解，形成包容意识，培养宽广的胸怀 |
| 把课堂学习延伸到生活中，让学生用更加宽容的言行解决生活中的问题 | 设计布置班级"宽容角" | 课后作业 | 帮助学生把课堂学习延伸到生活中，让学生用更加宽容的言行解决生活中的问题，让本课教学落到实处 |

表 4-11　第三课：学会反思

| 作业设计目标 | 作业具体内容 | 作业补充说明 | 作业设计意图 |
| --- | --- | --- | --- |
| 通过回忆和思考"小学阶段你印象最深刻的一件事"给自己带来的影响，认识到人人都会反思，人人都进行过反思 | 我的小学生活回忆录：回忆"小学阶段你印象最深刻的一件事"，回顾事件，并说说为什么给你留下了深刻的印象<br><br>**我的小学生活回忆录**<br>我印象最深刻的一件事<br>事件回顾（可以用图画、文字记录下来）：<br><br>这件事给你留下深刻印象的原因： | 课前作业<br>鼓励学生在回顾事件的过程中与小伙伴一同演绎、还原事件 | 倡导小组合作表演，通过想一想、演一演、议一议，初步认识什么是反思，懂得生活中离不开反思，为课堂上的学习做好铺垫准备 |
| 学会反思自己的行为，从中总结经验或教训，明确继续努力的方向 | 生活记录表：选择特别需要反思的时刻，并说说理由<br><br>**课堂学习任务单**<br>这是郭新同学的一份生活记录表，选择你认为特别需要反思的一项，在相对应的方框内打"√"。<br>□ 早晨起床，到室外深吸一口新鲜空气，今天的天气真好啊吃过早饭，我和爸爸妈妈通知要去上学。<br>□ 过马路的时候，我看车不多，便闯红灯过去，一位负责维持路口秩序的阿姨把我拦下，连说了我几句，我只好规规矩矩地等绿灯亮才过马路。<br>□ 上午的数学课我很喜欢，所以听得特别认真。<br>□ 我与同桌罗判都做，考试成绩却不太理想，而朱琪看上去学得很轻松，考试成绩却总是比我好，真不知道他是怎么做到的。<br>□ 下午第一节课我是特别困，眼皮怎么都抬不起来。哎，肯定是因为最近几周作业多，睡得晚，别人怎么都不困呢？<br>□ 上美术课时，我发现自己忘带美术用具了。哎这已经是第三次了。<br>□ 太排了，英语小演讲得了"优"I英语真是太简单了I我真是太聪明了！<br>□ 做了学了，和好朋友给回家是我最喜欢的事情，跳上聊聊天，我特别开心。<br>□ 写完作业，我陪爷爷下楼跑哈！爷爷可真高兴啊！爷爷连连夸我长大了。 | 课中作业 | 运用小组演绎、"假如我是你"等教育戏剧策略，引导学生设身处地地思考判断、快速反应，做出正确的行为和有效的选择，以实际生活事件检测学生课堂上的知识和方法，从而认识到生活需要反思，体会反思对成长的意义，初步掌握反思的方法 |

续表

| 作业设计目标 | 作业具体内容 | 作业补充说明 | 作业设计意图 |
|---|---|---|---|
| 温故知新、举一反三，提升反思的能力，初步养成反思的习惯 | 反思手账：记录每天值得反思的事件，发现自己的优点，寻找存在的问题<br> | 课后作业 | 鼓励学生学以致用，把在课堂上学习的反思方法运用在日常生活中，用"手账"或自己喜欢的方式进行反思记录，更能激发学生的兴趣和保持学习的热情，从而初步养成反思的好习惯 |

## （二）单元作业的实施

**实施过程和效果分析**

（1）第一课《学会尊重》作业之"课堂小剧场"。

作业内容：根据课本第6页"活动园"的情景，分角色扮演，画面定格后小组讨论："讲道理"先生说"好脾气"先生的做法是不对的，你同意吗？如果"好脾气"先生总是这样做，以后会发生什么事情？你能给"好脾气"先生提什么建议？

作业设计意图：通过生动直观的剧场表演，使学生更容易投入情景发现问题，思考问题，进而通过思维碰撞和感受，认识到面对侮辱和冒犯，要勇于维护自己的权益，这是尊重自己的表现。

作业实施情况：教育戏剧策略的融入令活动更生动有趣，学生参与度高，学生能结合实际生活中类似事件的做法，参与表演、讨论。

（2）第二课《学会宽容》作业之"在拥挤的公交车上"。

作业内容：扮演在公车上的乘客，因为拥挤产生了许多摩擦（汽车刹车、车转弯时被挤压、被踩脚等），静止画面，乘客说出想法与感受。

作业设计意图：通过教育戏剧"思绪追踪"策略，关注情境中角色学生的心理活动，直观展示学生原谅他人无心之失的心理过程，从而引导学生以宽容之心对待他人的无心之失。

作业实施情况：学生能够从教材所示的案例延展到生活中去，运用"思绪追踪"策略直观再现情景，学生情绪感染度高，参与度高，在交流中直观展示学生原谅他人无心之失的心理过程。

(3) 第三课《学会反思》作业之"反思手账"。

作业内容：在"反思手账"中记录每天值得反思的事件，发现自己的优点，寻找存在的问题。

作业设计意图：通过设计实践性作业，意在让学生温故知新、举一反三，在日常生活中结合亲身经历的事情，运用所学的方法开展反思，初步养成反思的习惯，提升反思的能力。

作业实施情况：以"手账"记录的形式，学生比较感兴趣，能在课后主动完成此项作业。

作业效果分析：此项课后作业的设计，意在让学生学以致用，在日常生活中养成反思的好习惯。学生对自己当天发生的事情进行回顾，选择有价值的事件开展反思，既能学会从中挖掘自己的优点或进步的地方，总结经验，继续保持发扬；又能学会发现自己的缺点或存在的问题，吸取教训，提醒自己改进。

# 第五章 教育戏剧道法学科教学案例

## 一、道法与时政融合课例

人教版《道德与法治》小学五年级下册
第三单元《百年追梦 复兴中华》第十二课《富起来到强起来》
第二课时"精神文明新风尚"

### （一）单元教学设计说明

本单元教学内容是以中国近现代革命史、中国共产党党史、中国社会主义国家建设史、中国改革开放及新时代社会主义现代化建设历程为线索而展开的。主要叙述了以实现中华民族伟大复兴奋斗目标过程中的人和事，解答了中国共产党为什么能，中国特色社会主义为什么好，中国化、时代化的马克思主义为什么行的问题。同时讲述了十八大以来，中国经济建设与社会主义文化建设发生了翻天覆地的变化，中国共产党领导和带动中国人民信心百倍地推进中华民族从站起来、富起来到强起来的伟大飞跃。用这些素材，对学生进行政治认同、道德修养、法治观念、健全人格与责任意识的教育。故此，要帮助学生提炼中国共产党精神谱系，培养青少年要听党的话、跟党走的认识和决心以及树立法律意识，努力创建社会主义精神文明新风尚。如此看来，本单元教学完全可以与理解学习党的二十大精神相结合。学生在学习了解中国共产党的历史，学习改革开放和中国特色社会主义的伟大成就的过程中，可以从中感受伟大的精神力量，从而激发热爱国家、热爱党、热爱中华文化的情感，让学生为自己是中国人而自豪。引导学习贯彻落实党的二十大精神，把学习与行动结合起来，很有意义，也十分可行。故此，在本节课上，把理解"中国式现代化是物质文明与精神文明相结合的现代化"这一论断作为本节课学习的起点，激发学生思考，引出精神文明建设的意义和价值，顺理成章。本单元结合党的二十大学习的主题较多，比如中国共产党精神谱系的学习，科教兴国战略，改革开放战略，等等。在本节课上，为了学生更好地理解和感悟精神文明建设，首先把习近平总书记关于青少年儿童如何践行社会主义核心价值观的话语引进课堂，很自然地把学生个人生活成长与国家命运联系起来，把社会主义核心价值观与个人行为结合起来，起到了很好的教育效果。然后再引入党的二十大报告中关于中国式现代建设的材料，激发学生思考精神文明建设是什么，如何建设，怎样参与。引用的两段内容如下：

"中国式现代化，是中国共产党领导的社会主义现代化，既有各国现代化的共同特征，更有基于自己国情的中国特色。中国式现代化是人口规模巨大的现代化，是全体人民共同富裕的现代化，是物质文明和精神文明相协调的现代化，是人与自然和谐共生的现代化，是走和平发展道路的现代化。"——党的二十大报告

"人无精神则不立，国无精神则不强。唯有精神上站得住、站得稳，一个民族才能在历史洪流中屹立不倒、挺立潮头。同困难作斗争，是物质的角力，也是精神的对垒。"——习近平

《义务教育道德与法治课程标准（2022年版）》在课程内容中指出：了解中国共产党的成立及中国共产党带领中国人民取得革命胜利的历史，了解马克思主义中国化的发展进程，知道全心全意为人民服务是党的根本宗旨，激发热爱中国共产党的情感，感受中国共产党精神。了解改革开放以来我国所取得的伟大成就，知道中国特色社会主义进入新时代，初步了解中国特色社会主义道路的意义、习近平新时代中国特色社会主义思想精髓，能够举例讲述中国共产党的精神谱系（政治认同和道德修养），为实现中华民族伟大复兴而努力学习。本单元依据新课标要求，结合五年级学生年龄特点、生活实际和成长需求，综合考量由于时代发展和社会进步出现的新情况，设置了教学内容。

实现中华民族的伟大复兴，是一项光荣而艰巨的事业，需要一代又一代中国人的共同努力，这个历史重任将来始终要落到这些学生身上。对于学生而言，落实党的二十大精神，只靠讲道理是不能完全理解和感受的。本单元通过对历史事件、历史人物的学习，引导学生了解、认识、感悟先辈们的艰难历程及精神品质，从而激发学生的爱国志向。这就把政治认同、道德修养、法治观念、健全人格与责任意识的教育融入了生动的历史场景。

由于本单元教学内容与学生生活经验相距较远，容易形成灌输教学。故此，采用角色还原学习方式即教育戏剧教学法进行教学，把学生的理解放进学生视野的角色之中，更容易让学生产生共鸣和反思，让学习走进学生心中。

（二）单元目标确定

（1）了解近代以来中国人民为实现民族独立所走的艰难历程，感悟中华民族伟大的爱国精神，形成敬仰民族英雄和革命先辈的情感，树立奋发图强的爱国志向。

（2）了解中华民族遭受过列强的侵略，懂得落后就要挨打，只有自强不息才能立于不败之地。

(3) 知道中国共产党为民族解放所做出的历史贡献，了解在中国共产党的领导下全国人民自力更生、艰苦奋斗所取得社会主义建设成就和改革开放的卓越成就，萌发为复兴中华贡献力量的意愿。

(4) 重点感悟以爱国主义为核心的民族精神和以改革创新为核心的时代精神。

(三) 单元教学内容分析

本单元共 6 课，以时间为脉络，以精神为核心，呈现了近代以来中国人民为实现民族复兴走过的历史进程，歌颂了仁人志士的革命精神与爱国精神。《不甘屈辱奋勇抗争》介绍了从鸦片战争到中日甲午战争我国遭受的侵略，使学生懂得落后就要挨打的道理，了解中国人民不屈不挠的斗争历史，体会中华民族顽强的抗争精神。《推翻帝制民族觉醒》介绍孙中山和革命党人推翻清政府、探索救国救民道路所作出的努力，感悟仁人志士英勇无畏的革命精神，了解辛亥革命的意义。《中国有了共产党》介绍了马克思在中国传播、五四运动、中国共产党的诞生、井冈山道路、红军长征等，使学生懂得中国共产党是历史的必然选择，感悟革命先烈革命精神。《夺取抗战胜利和解放战争胜利》帮助学生认识抗战精神是民族复兴的强大精神动力。《屹立在世界东方》介绍新中国成立后自力更生、艰苦奋斗、发奋图强建设伟大国家的历史，使学生感悟奋力拼搏、不畏艰难、为国献身的爱国热情和爱国精神。《富起来到强起来》介绍了改革开放以来，特别是中国特色社会主义进入新时代以来，我国取得的卓越成就，帮助学生认识到只有社会主义才能发展中国，只有坚持中国共产党的正确领导，才能实现国家富强、民族复兴和人民幸福（图 5-1、图 5-2）。

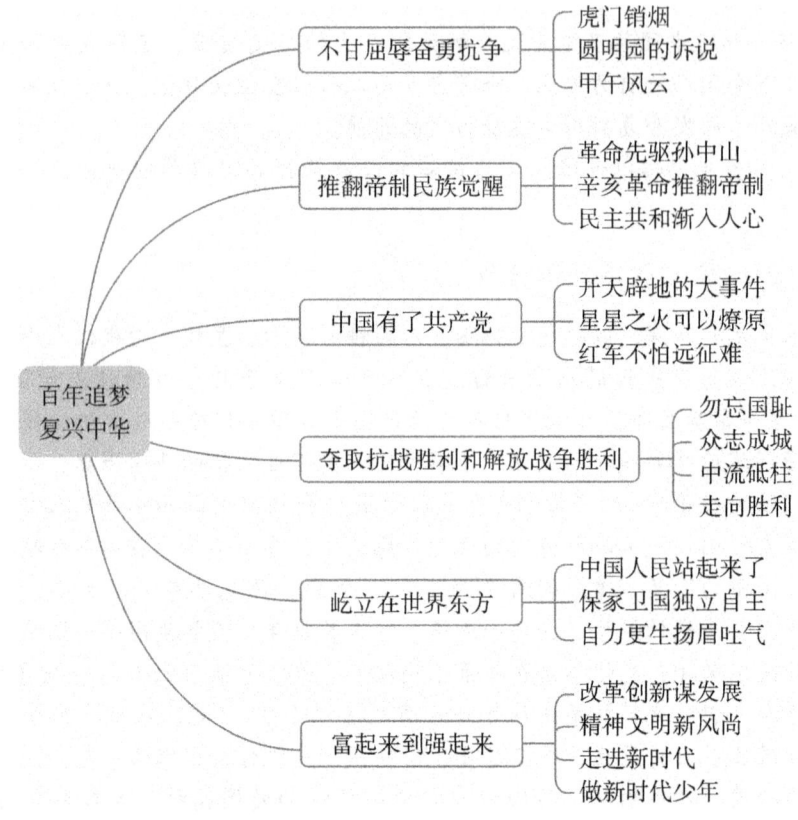

图 5-1 单元逻辑结构图

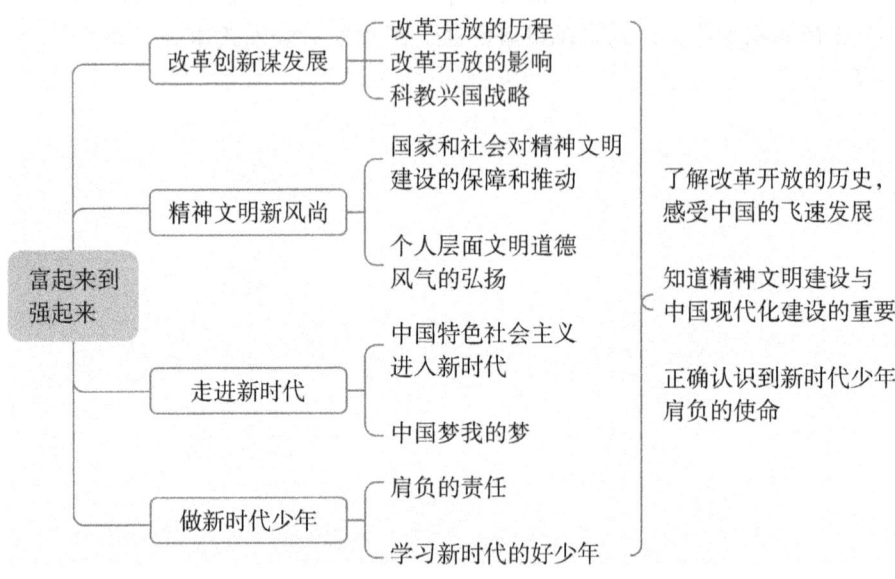

图 5-2 课程逻辑结构图

## （四）单元教学评思路

本单元教学目标有三个：一是了解祖国改革开放之后在各方面取得的飞速发展；二是知道中国现代化建设中不可缺少精神文明建设；三是知道中国特色社会主义已经进入了新时代，我们新时代的少年要肩负什么历史使命。围绕这几个核心问题，要设计相应的学习任务。可根据三个课时设计三个大的学习任务，再将每个大任务又分成几个小任务。在教学中采用教育戏剧的方式解决问题，用戏剧形式将学生身边的问题与教学问题相结合。在任务完成过程中，建议设计过程评价表，记录学生学习表现和学习结果。同时把作业的设计融入导学单、教育戏剧剧本的创作、任务完成中的问题、课后作业中。这样作业就成了学习的引导者、学习的推动者、学习的补充者。学生在整个单元任务学习中，自然就能获得从中国现代化建设是从改革开放开始，到物质文明与精神文明相协调发展，再到最后如何践行这样一个完整的学习和体验过程。

## （五）学情分析

当代五年级的学生对于改革开放的重要意义了解不多、不全面，也不了解今天富足生活的历史渊源。所以本课设定的第一个目标是帮助学生认识改革开放的历史过程，了解改革开放以来在农业、工业、科技、文化、生活等领域取得的成就，感悟改革开放对中国发展的影响。

对多数学生而言，理解改革开放以来的物质文明成就较容易，但对深层次的精神文明建设的关注、认识、体会不够充分。因此，第二个目标是帮助学生理解精神文明建设与国家的发展、社会进步和人民生活之间的关联。

在新时代，我们更有信心和能力实现中华民族伟大复兴的中国梦目标，让学生正确理解中国梦，将中国梦与"我的梦"建立关联。第三个目标是使学生懂得振兴中华是每一个中国人的责任，从小树立家国责任意识。

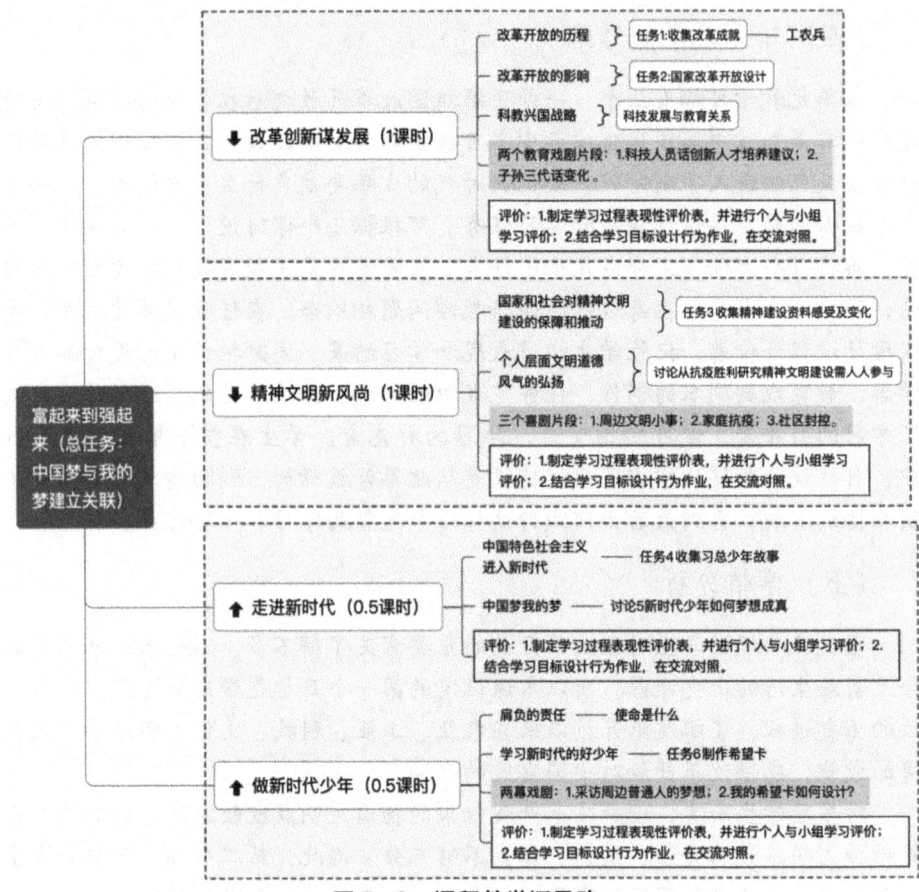

图 5-3 课程教学评思路

（六）课时目标确定

（1）了解精神文明对于国家发展、社会进步和人民生活的重要影响，理解"中国式现代化是物质文明与精神文明相协调的现代化"。

（2）体会精神文明建设需要每个人的参与和行动，领悟中国精神的力量。

（3）愿意为精神文明建设做出自己的贡献。

重点：理解精神文明建设是国家发展与强大的一种体现，懂得精神文明建设需要每个人的参与和行动。

难点：愿意为精神建设贡献自己的力量。

（七）教学评活动设计

环节一：导入课题——精神文明新风尚

教学内容概要：

(1) 呈现学习目标。
(2) 呈现习近平总书记的话语。
(3) 呈现党的二十大内容。
(4) 提出本课主要问题：精神文明建设与人民生活、社会进步、国家强大、民族复兴有什么关联？

教师活动：展示学习目标。

学习目标：
(1) 中国式现代化是物质文明与精神文明相的现代化，怎么理解？
(2) 为什么精神文明建设需要每个人的参与？中国精神是什么？
(3) 你准备如何为精神文明建设做出自己的贡献？

师：同学们，上节课，我们了解到改革开放以来，中国社会财富快速增长，人们的生活发生了翻天覆地的变化。于是有人就说，中国现代化建设只要紧紧抓住物质文明就行了，不需要花太多时间进行精神文明建设，因为精神文明建设不能变成GDP。大家觉得对不对？（否定）

学生活动：学生体会改革创新生活的变化、国家的发展。

师：同学们也很肯定，我们看看习近平总书记是怎么说的，一起读一读。

（习近平语：人无精神则不立，国无精神则不强。唯有精神上站得住、站得稳，一个民族才能在历史洪流中屹立不倒、挺立潮头。同困难作斗争，是物质的角力，也是精神的对垒。）

师：同学们怎么理解习近平总书记的这番话？

（学生：人必须有精神，国家必须有精神，民族必须有精神，现代化建设必须有精神文明建设。）

师：看来精神文明建设是国家的一件大事。关于精神文明建设的内容已经被写进共产党的二十大工作报告中了。

教师活动：展示党的二十大内容。

（中国式现代化，是中国共产党领导的社会主义现代化。中国式现代化是人口规模巨大的现代化，是全体人民共同富裕的现代化，是物质文明和精神文明相协调的现代化，是人与自然和谐共生的现代化，是走和平发展道路的现代化。）

师：社会主义现代化离不开精神文明，实现中华民族伟大复兴的中国梦，更需要强大的精神作为支撑。那么，什么是精神文明建设？国家和社会又是怎样保证和推动精神文明建设的呢？我们如何行动？今天我们就来学习新课：精神文明新风尚。（板书：精神文明新风尚）

学生活动：思考精神文明建设与人民生活、社会进步、国家强大、民族复兴有什么关联？"我"应该怎样参与精神文明建设的行动？

评价活动：清晰学习目标。

设计意图：

(1) 明确本节课内容所需要掌握的内容点。

(2) 用习近平总书记的话语导入，让学生给予高度重视，同时进行《习近平新时代中国特色社会主义思想学生读本》的渗透。

(3) 让党的二十大报告精神进课堂、进学生头脑。

环节二：理解体会精神文明建设对人民生活、社会进步、国家强大的关联

教学内容概要：

(1) 什么是精神文明？用你自己的例子说明它给人带来怎样的感受。

(2) 国家和社会为推动精神文明建设做了哪些方面的工作？先举例子后归纳。

(3) 精神文明建设给个人、社会、国家带来了什么样的影响？

解决问题：(1) (3)。

教师活动：出示学习任务和学习要求。

任务一：理解体会精神文明建设对人民生活、社会进步、国家强大的关联。

什么是精神文明？包括哪几个方面？用你自己的例子说明它给人带来什么感受。

国家和社会为推进精神文明建设做了哪些方面的工作？先举例子后归纳。

精神文明建设给个人、社会、国家带来了什么样的影响。

学习方式：

先认真观看视频，适当记录，小组讨论学习。

解决问题(1)：演绎一个文明行为的例子（围绕家庭、学校、社会）。用一个词概括感受，并议一议。

解决问题(3)：完成导学单第三题，小组讨论并汇报。

教师活动：引导学生看两个视频，《什么是精神文明》《精神文明在身边》。

师：根据视频，请同学们说说精神文明是什么。

（社科文化方面：教育、科学、文化、艺术、卫生、体育等各项事业的发展水平）

（思想道德方面：政治思想、道德面貌、社会风尚和人们的世界观、理想、情操、觉悟、信念以及组织性、纪律性的状况）

师：请同学们说说具体有哪些文明行为呢？用一个词说说感觉。

（社科文化方面有：涵养、儒雅、谦逊）

（思想道德方面有：德善、热情、温暖）

学生活动：学生观看视频并依据视频回答问题。

（回答预设：人人遵守交通规则精神文明，尊老爱幼、遵守公共秩序、帮助别人、做志愿者，乐于奉献、传递爱心，这些温暖人心的微言善举，弘扬了真善美、传递了正能量，树立了新风尚的社会风气）

教师活动：请同学来还原生活中的文明的行为。（演一演）

师提问：

(1) 文明行为对你的生活有什么改变？对社会有什么改变？

(2) 对于物质文明与精神文明，你有什么看法？

(3) 文明是别人要求的，还是自觉的？

学生活动：戏剧演绎，讨论回答老师的问题。

师小结：是的，自觉的文明行为其动力来自人们对美好生活的共同憧憬。人们向往的美好生活，不仅是"仓廪实""衣食足"的物质生活，也是"知礼仪""知荣辱"的精神面貌。

（出示图片文字：在我们的生活中，有很多温暖人心的微言善举，这些弘扬真善美、传递正能量、树立新风尚的行动在社会主义精神文明建设中发挥着重要的作用）

评价活动：资料整理评价；组员自评学习表现，小组表现、展示表现。

设计意图："精神文明"的概念对于学生来说，不好理解，通过视频让学生对"精神文明"有一个具体的认识。让学生通过视觉直观感受文明，从而体会文明就在我们身边。

解决问题：(2)。

师：我们一起学习课本第90页，结合大家昨天搜集的资料和学单，就某一方面详细讨论我们的周围，在精神文明方面国家做了哪些工作，有什么好处，有什么感受。

学生活动：汇报社会主义核心价值观的宣传与践行的事例和给生活带来的变化。

师：社会主义核心价值观就是当代中国精神的集中体现，凝结了全体中国人共同的价值追求。引导学生背诵核心价值观，提出如何践行核心价值观。

要求：背熟，融在心灵里，刻在脑子中；心有榜样：学习英雄人物、先进人物、美好事物；从小做起：从自己做起、从身边做起、从小事做起；每天想想：对祖国热爱吗？对人民热爱吗？学习努力吗？对同学关心吗？对老师尊敬吗？对父母孝敬吗？遵守公德了吗？

学生活动：

(1) 汇报传承中华优秀传统文化。

(2) 汇报精神文明生活的多样性。

(3) 汇报文化产业建设，"五个一工程"。
(4) 做文明人，创文明城市，创文明家庭，创文明校园。

评价活动：资料整理评价；导学案练习讨论与检查。组员自评学习表现、小组表现、展示表现。

设计意图：通过视频介绍国家和社会在精神文明建设方面的举措，通过小组探究的方式继续发现身边的文明建设，让学生理解精神文明建设已经渗透进我们生活的方方面面。引导学生从自己的亲身经历和搜集资料出发，了解精神文明创建的方式。通过小组合作与讨论引导学生初步了解国家和社会在精神文明创建中的举措。

环节三：懂得精神文明建设需要每个人的参与和行动

教学内容概要：

(1) 为什么要"致敬每一个中国人"？你眼里的"中国精神"是什么？
(2) "我"应该怎样参与精神文明建设的行动？制作"我的微文明"行动卡。

师：从以上汇报中，我们看到精神文明新风尚给人们生活和社会带来了新的变化。但也可以看出，新风尚的形成需要每一个人的参与。读读文章《致敬每一个中国人》，思考为什么要"致敬每一个中国人"？

(1) 在重大灾难中，中国人十分团结，没有旁观者。
(2) 只有人人参与，才可以共克时艰，战胜困难。

学生活动：学生观看课件中的图文资料并回答问题。

师：请同学演一个情景，看看一家人在抗疫中的行动。

议议：这个家庭传达给社会什么？这次灾难给中国普通百姓带来了什么？国家、社会、个人各自付出了哪些努力？他们表现出的中国精神是什么？

（预设一：新冠疫情暴发以后，党和政府高度重视，提出"坚定信心、同舟共济、科学防治、精准施策"的要求，全国人民众志成城，打响一场生命保卫战，铸就了生命至上、举国同心、舍生忘死、尊重科学、命运与共的伟大抗疫精神）

（预设二：我清晰地记得，在抗击疫情期间，我们小区的志愿者王叔叔每天都驻守在小区门口为大家量体温，起早贪黑，风雨无阻。王叔叔这种忠于职守、甘于奉献的精神，深深地感动着我们小区的每一个人，在王叔叔身上体现了忠于职守、甘于奉献的中国精神）

学生活动：
(1) 家庭抗疫演绎议论。
(2) 小区抗疫演绎议论。

师：中国精神一直是中华民族赖以生存的灵魂。灾难面前，它是凝聚人心的力量；日常生活中，它是人们遵守文明道德的生动体现。近年来，助人为乐、见义勇为、诚实守信、敬业奉献、孝老爱亲等精神文明风尚在全社会得到弘扬。在我们身边，就有很多平凡而伟大的人，用爱心和善良给我们温暖，用责任和担当给我们力量，用奉献和坚强守护着我们。正是依靠中国精神，中华民族才战胜了一次次磨难，愈加自强、自信。

（出示习近平总书记的话：如果一个社会没有共同的理想，没有共同的目标，没有共同的价值观，整天乱哄哄的，那就什么事也办不成）

师：中国精神一直在影响着各行各业的中国人。

师追问：同学们准备如何做？打算从哪些力所能及的小事做起，向文明靠拢？

（预设：定期参加志愿者活动；常参与献爱心活动；保护环境、护理公物；多回姥姥、奶奶家，陪老人家聊聊天）

学生活动：交流讨论，汇报如何从身边小事做起。

评价活动：表演议论评价；组员自评学习表现，演绎议论评价；小组表现、展示表现；知识检测。

设计意图：这个环节主要让学生通过演和议，分析讨论，找到感动中国特别奖颁给全体中国人的原因，也为接下来的学习做铺垫。同时扩展学生知识面，引导学生了解感动中国人物。让学生体会到榜样人物就在你我他的身边。通过分享班级榜样，并向榜样学生学习，引导学生践行文明，知道身边的小事都是文明的体现，我们要从身边的小事做起。

环节四：学习小结与检测

师：精神文明的创建，让助人为乐、见义勇为、诚实守信、敬业奉献、孝老爱亲等文明道德风气在全社会得到弘扬。文明是根植于内心的修养、无需提醒的自觉、以约束为前提的自由、为别人着想的善良。我们是平凡而渺小的个体，但是我们从小事做起，从自己做起，汇聚在一起就会变得强大，让我们将一份份温暖的正能量传递到社会的每一个角落，一起走进新时代。

行为问卷，检查自己的认识变化。

## （八）板书设计

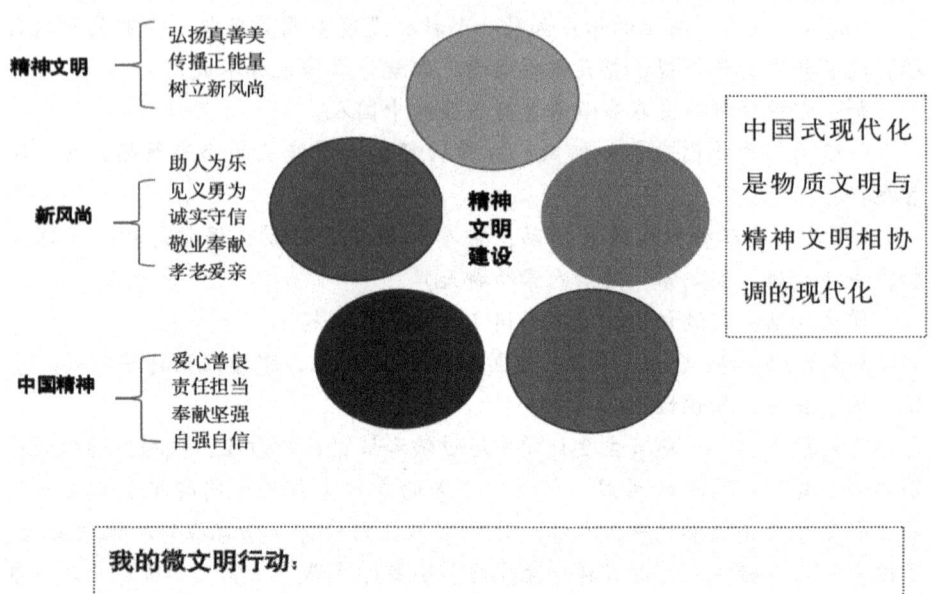

图 5-4　板书设计

## （九）作业与拓展学习要求

**1. 填空题**

（1）在改革开放和社会主义现代化建设中，弘扬（　　　　）、传播（　　　　）、树立（　　　　）的精神文明建设一直发挥着非常重要的作用。

（2）实现中华民族伟大复兴的中国梦，需要强大的（　　　　）作支撑。

（3）精神文明建设活动改变着人们的生活，使人们生活得更有（　　）、更有（　　）、更有（　　）。

**2. 实践题**

在生活中践行自己的"微文明"，并制作一份"微文明"行动卡，下节课与其他同学分享。

（十）特色学习资源与技术应用说明

运用录像、音频与文字输入混合输入方式展开教学；采用希沃同屏互动的授课方式，让学生有现场感。在智慧教室，多屏幕互动，将学生使用的小黑板换成了电子屏，给了学生独立展示或者集体展示的机会，对老师来说是很有效的监督方式，也促使学生在上课的时候更专心。

（十一）教学反思

（1）本节课运用教育戏剧教学方法，选取学生在认识和体验当中的矛盾作为问题导入，开展实践学习，这是将学生经验与知识连接起来，实现学习知识之余强化学生主体发展的参与，强调教学回归生活。

教学的闪光点就在于三幕戏剧表演。以表演唤醒学生，使学生建立认知，坚定行为。

（2）建立了素养课堂观念。要求课堂应当从"为了知识的教学"转向"基于知识的教学"，知识要从教学的目的和归宿转变为教学工具和资源，知识和知识教学要服务于人的素养形成和发展。从教育思想来说，我们要把"为了知识教育"转化成"通过知识获得教育"。本节课赋予了学生更为广泛且充足的实践机会，学生多数在进行深度的体验与反思活动，这有利于素养的形成。

（3）将党的二十大精神与教学内容有机融合。内容要保持一致性，对党的二十大的学习有助于对教材内容的学习。

（4）采取教学评一致性理念，使课堂教学的目标、流程等联系更紧密，最重要的是学习评价起到了导学、促学、延学的作用。

（十二）学习评价设计

用课堂评价调控教学节奏和其他活动的节奏，评价着眼于学生学习过程和学习结果。学习过程重点是在学习力、合作力、思维力、应用力的目标达成上。观察点是课前预习、交互答疑、解决问题、合作程度。学习结果评价主要针对学科任务目标完成度，观察点主要是达标测试。最后将两项内容进行综合归纳，形成结论，从而激励学生，调整教学活动。

**1. 教学评价设计**

（1）评价主体多元，包括小组内部评价，组长组织评价；组外成员评价，组员建议；教师对学生的评价。

（2）评价维度：学生在各个学习环节中的参与度、贡献度、纪律性、积极性、创造性、学习检测等表现。

（3）评价方式：打星（一人次表现好则加一个☆，落实到人次）。

（4）评价量规：打星主要参考学生各个学习环节中的参与度、贡献度、纪律性、积极性、创造性、学习检测等表现。

### 2. 小组合作学习形式

（1）自行命名小组，以完成任务为目的，以获得☆为奖励。

（2）正、副组长组织小组开展有效学习，保障每一位学员都参与学习。

（3）组内可以2人分成一小组，便于进行检查、过关、练习等活动。

（4）小组活动参与要追求速度、质量、均衡。

（5）小组讨论每一个人都要发言，追求简洁、不重复、创新。

（6）强调学习纪律、合作精神、赞赏他人的学风。

（7）做好每一堂课角色分工，有学习组织者、记分员、记录员、发言人、纪律员，分工定期轮换。

（8）提升小组整体成绩，共建友谊和荣誉；发挥组员特长，创建小组特色，争获"优秀小组"称号。

组内评价表，记分员执行（表5－1）。

表5－1　组内评价表

| 组员 | 课前预习 | 环节1 | 环节2 | 环节3 | 环节4 | 环节5 | 环节6 | 个人合计☆数 | 小组合计☆数 |
| --- | --- | --- | --- | --- | --- | --- | --- | --- | --- |
| 1 | | | | | | | | | |
| 2 | | | | | | | | | |
| 3 | | | | | | | | | |
| 4 | | | | | | | | | |
| 5 | | | | | | | | | |
| 6 | | | | | | | | | |

### 3. 学习检测练习题

组外成员评价表（张贴在黑板上）（表5－2）。

表 5-2 组外成员评价表

| 组员 | 课前预习 | 环节 1 | 环节 2 | 环节 3 | 环节 4 | 环节 5 | 环节 6 | 学习检测 | 合计 | 合计☆数 |
|---|---|---|---|---|---|---|---|---|---|---|
| 1 | | | | | | | | | | |
| 2 | | | | | | | | | | |
| 3 | | | | | | | | | | |
| 4 | | | | | | | | | | |
| 5 | | | | | | | | | | |
| 6 | | | | | | | | | | |
| 7 | | | | | | | | | | |

合计☆数=组内自评☆数÷2+他评☆数

## （十三）附件

### 1. 导学单

第二课时"精神文明新风尚"导学单

（1）自学教材第 86—91 页，思考"为了国家强大、社会进步、人们生活美好，只需要努力抓住物质文明建设就行，精神文明建设不需要花太多努力"这个观点对不对？为什么？

（2）设计"文明在我身边"角色行为演绎，分别以家庭、学校、社会的内容为题材（任选一个题材）。

（3）认真阅读第 90 页，国家和社会在推动精神文明建设上从以下五个方面做了大量的工作，把你观察的事例写在相应的空格处，并说说这给我们的生活带来了什么变化，小组合作完成。

践行社会主义核心价值观：

文化产业建设：

传承中华优秀传统文化：

丰富人们的精神生活：

人人都做文明人：

（4）阅读第91页，如何理解"致敬每一个中国人"？
编两个小剧本。
①在抗疫期间，家庭每一个成员在抗疫中的行动：角色有一线抗疫者、社会工作者、居家老人、小孩，封闭管理环境下的一些工作和行动。体现家庭抗疫责任和担当。
②设计一个社会联合抗疫剧本，角色有医护人员、快递员、志愿者、居委干部、警察、患者等，表达"中国精神"。

**2.《致敬每一个中国人》**

致敬每一个中国人

2020年，面对新冠疫情的危机和考验，在党中央的整体部署下，中国人民和中华民族以敢于斗争、敢于胜利的大无畏气概，铸就了生命至上、举国同心、舍生忘死、尊重科学、命运与共的伟大抗疫精神，充分展现了中国精神、中国力量、中国担当。

在这场全民战役中，有不顾危险冲在一线的医护人员，有争分夺秒抢建医院的建设者，有奔波在各个社区保障居民生活的基层工作者，更有无数默默坚守岗位的志愿者、警察、消防员、快递员……每个人在需要的时候都是战士，都是抗疫走向胜利的奉献者。

一封封请战书、一道道口罩压痕、一个个疲累却坚定的背影、一句句温暖人心的话语、一幕幕感人至深的画面，我们看到了各行各业人们的使命与担当，看到了温暖你我的凡人善举！致敬每一个平凡的中国人！

**3. 情景剧本**

（1）家庭抗疫情景剧

道具：手机（2部）、书本、笔记本电脑、桌椅

画外音：2020我们在新年中，遇到了可怕而又无声的敌人——新冠疫情，在抗疫期间，家庭中的每个成员都在行动，而那些逆行者的肩上，不仅仅担负着家庭的责任，更担负着国家的责任。

（手机铃声响）

**爸爸**（警察）：喂，宝贝，你说话呀。

**孩子**：爸爸你上次出门说给我买好看的新衣服，可是你一出门就是十几天，怎么现在还没有回来。

**爸爸**：宝贝，对不起，爸爸是个不称职的爸爸。爸爸也想着你，但是实在

是有紧急任务。

孩子：爸爸，虽然你说话不算话，可是你是我最好的警察爸爸，你是个顶天立地的大英雄。

爸爸：妈妈呢？

孩子：她在给学生上网课呢！

爸爸：宝贝，我要去忙了，你和妈妈一定要注意防护。拜拜！

（孩子走到妈妈身边）

妈妈（老师）：孩子们，大家现在只是学习的地点不同，希望大家保持自律，认真上课！这节课就上到这里！

孩子：妈妈你终于上完课了。

妈妈（快速收好书本，穿上马甲）：对呀！不过妈妈要马上去社区当志愿者，维护测核酸现场的秩序了，你和爷爷在家，认真上网课，乖乖的。

孩子：没问题！我的作业都是A+。

画外音：到了下午，爷爷着急地戴好口罩，带上手机。

孩子：爷爷怎么了？

爷爷：社区通知我们今天下午4点测核酸，你抓紧时间换衣服。

孩子：每次测核酸，最积极配合的就是爷爷您啦！给您点赞！

爷爷：每个人都应该完成政府、社区的防疫要求，这是我们的责任。我们每个家庭都应共同坚定信心迎难而上，携起手来，打赢疫情防控的阻击战，静待春暖花开的日子早日到来！

（2）社会联合抗疫情景剧本

道具：笔记本、防护面罩、口罩、志愿者服、物资（袋子）、警官帽、手机、请战书

旁白：当疫情暴发的同时，许多医院成立了紧急小组，展开了临时会议。

A拿着笔记本，向大家传达：大家好！根据最新消息，武汉疫情形势依然不容乐观，此次疫情来势汹汹且蔓延迅速，现在武汉处于人员物资都极度匮乏的情况，这次会议，也是想征求大家的意见，是否愿意跟随团队奔赴武汉提供医疗支援？

B（站起来）：我愿意，我愿意！我可以去有需要的地方。

C：这是我们科室的请战书！

旁白：医者仁心。这些来自四面八方的白衣战士勇敢逆行，组成医疗救治队驰援武汉，在定点医院开展疫情防控和救治工作。

B（护士）：张医生，您已经连续48小时未休息了，您可不能垮了！

A招了招手，说：没关系。

A走着走着，晕倒……

旁白：在抗疫过程中，许多医护人员不幸感染病毒，但他们前仆后继地投入抗击疫情一线。疫情形势严峻，越来越多的英雄人民参与到防疫战斗中来。

旁白：居委干部始终坚守在自己的工作岗位上，在一线开展社区疫情防控工作，为居民生活提供保障和支持。

居委干部1：您好，有人在家吗？上门了解情况。（询问，打开笔记本）

居民：我们都已经测了核酸，就是家里还有一个老人，需要特殊照顾。

居委干部1：没问题。

居委干部2：您好，这是政府提供的物资，众志成城！（气喘吁吁、提袋子）

旁白：人民警察拉网式排查，对重点人员排查登记，指挥车流，配合转运病人，用实际行动诠释人民警察的责任与担当。

（老人家非常难受，走不动路）

（警察转运病人）

旁白：志愿者参与社区疫情防控宣传、物资搬运、核酸采样等工作，哪里有需要，哪里就有志愿者的身影。

志愿者1：请大家提前打开核酸码，保持一米距离。

（老人不会使用手机，不耐烦）

（志愿者耐心教导老人使用智能手机）

旁白：快递员投身抗疫一线，全力以赴使快递渠道保通、保畅、保供。

（快递员送药）

居民：太谢谢你了，帮我们解决了燃眉之急。

旁白：面对新冠疫情的危机和考验，还有许许多多这样的人，千千万万个中国人民团结一心，勇于担当，打赢了这场防疫战，诠释了中国精神！

（3）"文明在我身边"小剧本

①家庭：垃圾分类

（妈妈压扁、整理牛奶盒）

孩子（感到奇怪）：妈妈您在做什么？

妈妈：我在准备垃圾分类呢！把牛奶盒清洗、压扁再放到可回收垃圾桶里。

孩子：这么麻烦呀！随便放进垃圾桶就好啦！

妈妈：虽然需要花费点时间，但是这可以提高垃圾的可回收率，保护环境。

孩子：那我明白了，等一下我和您一起去丢垃圾！

②学校：文明用语

孩子（热情地向好，挥手）：老师们好！同学们早上好！保安叔叔您好！

③社会：文明出行

市民（骑电动车，在椅子上做出骑行动作）：这电动车真快呀！

交通引导志愿者（阻止）：这是人行道，请您下车推行。

市民（下车）：你怎么多管闲事呀？

交通引导志愿者：这可不是多管闲事，这是关乎生命安全的事，还有，请您戴好头盔。

市民：好吧，好吧。

## 二、道法与其他学科融合课例

### 统编版《道德与法治》六年级下册
### 第二单元第四课《地球——我们的家园》
### 第二课时"环境问题敲响了警钟"

（一）单元教学设计说明

本单元教学设计的编写依据为《义务教育品德与社会课程标准（2022年版）》中第三学段（5—6年级）核心素养中的"责任意识"里"热爱并尊重自然，自觉保护环境、爱护动物，初步了解可持续发展理念"，以及课程内容中"道德教育"学习主题中"愿意反思自己生活和行为，学会理性思考，做出正确的判断与选择"，体会"人类只有一个地球"的含义。本单元的总体目标是让学生认识人地关系，初步了解地球面临的主要环境危机，并进一步意识到这些危机与人类活动的关系密切，培养学生爱护地球环境的责任意识。同时，让学生学会客观地看待自然灾害的产生及其造成的危害，了解人类对自然灾害的应对方式，培养学生应对自然灾害的自救意识、自救能力，并从人类不屈的抗灾精神中感受人类在灾害中团结互助的人道主义精神。

本单元的教学意图在于让学生认识人类共同生活的地球。首先，应该帮助学生对人类共同栖居的这颗星球有大致的认识，这是人类共同的生存空间，地球的自然状况对人类生存有着根本性的影响。因此，需要借助地理学科的视角，从自然的角度整体性地介绍世界的自然情况，引导学生初步认识人与自然之间的关系。同时，本单元的教学意图也在于使学生认识到地球并非人类生存的"安乐窝"，了解如何应对自然环境中影响人类的不利因素，这些不利因素始终是人类不可避免的问题。因此，本单元设计有关自然灾害的内容，帮助学生客观地看待自然灾害，知道如何应对自然灾害。对于六年级学生而言，在面对常见的自然灾害时，需要具备一些基本的防灾避险意识，有一定的自救、自护的知识和能力。这些都是本单元着重要解决的问题。

## (二) 单元教学目标和重难点确定

单元教学目标：
(1) 认识人地关系，初步了解地球面临的主要环境危机。
(2) 进一步意识到这些危机与人类活动的关系密切，培养爱护地球环境的责任意识。
(3) 学会客观地看待自然灾害的产生及其造成的危害，了解人类对自然灾害的应对方式，培养学生应对自然灾害的自救意识、自救能力。
(4) 感受人类在灾害中团结互助的人道主义精神。

单元重点：
(1) 理解地球是人类的家园，初步了解地球面临的主要环境危机，明白人与自然是生命共同体。
(2) 学会客观地看待自然灾害的产生及其造成的危害，了解人类对自然灾害的应对。

单元难点：
(1) 懂得珍爱地球，培养爱护地球环境的责任意识。
(2) 培养学生应对自然灾害的自救意识、自救能力。
(3) 感受人类在灾害中团结互助的人道主义精神。

## (三) 单元教学内容分析

本单元围绕"共同的世界——地球环境"这一学习主题，设计了《地球——我们的家园》和《应对自然灾害》两课内容（图5-5）。

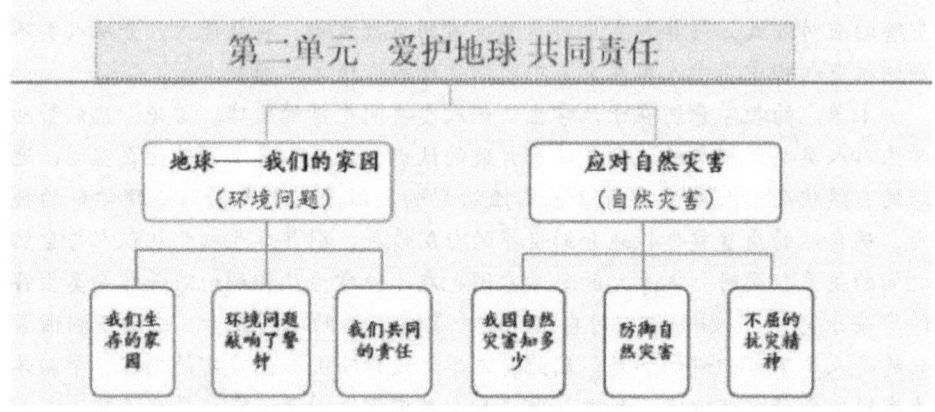

图5-5 单元逻辑结构图

《地球——我们的家园》一课先从地球作为人类的生存家园入手，让学生认识地球对人类生存与发展的价值，引导学生认识人类不当的生产和生活活动带来的环境危机以及由此产生的种种后果；然后，引导学生认识到世界各国的合作、现代科技及个体的力量等，都是解决环境问题的重要力量（图5-6）。

地球作为人类生存的家园，不仅存在着因人类活动造成的环境问题，也存在着因自然因素或人为因素带来的自然灾害问题。《应对自然灾害》课先通过地图，让学生认识我国自然灾害的总体状况；然后，通过我国常见的自然灾害案例，引导学生初步了解自然灾害的表现及其带来的损失，认识自然灾害发生的原因除了自然因素以外，人类不合理的行为也是重要因素。在此基础上，引导学生从个人、社会和国家等层面了解人们应对自然灾害的举措，体会中国人民不屈的抗灾精神（图5-7）。

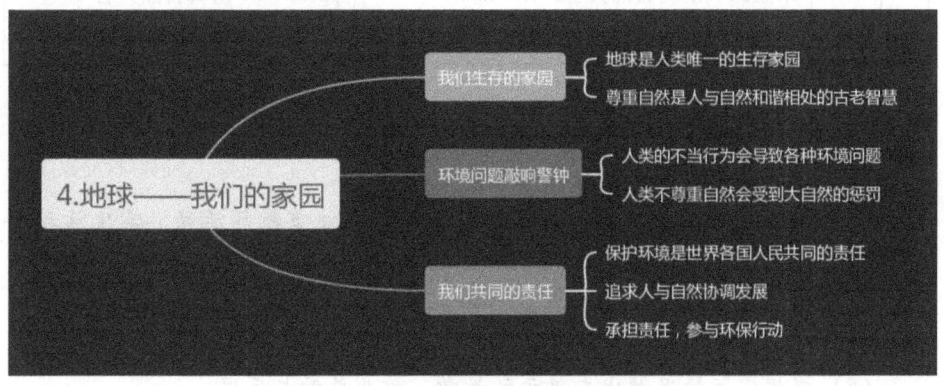

图5-6　第四课教学内容结构图

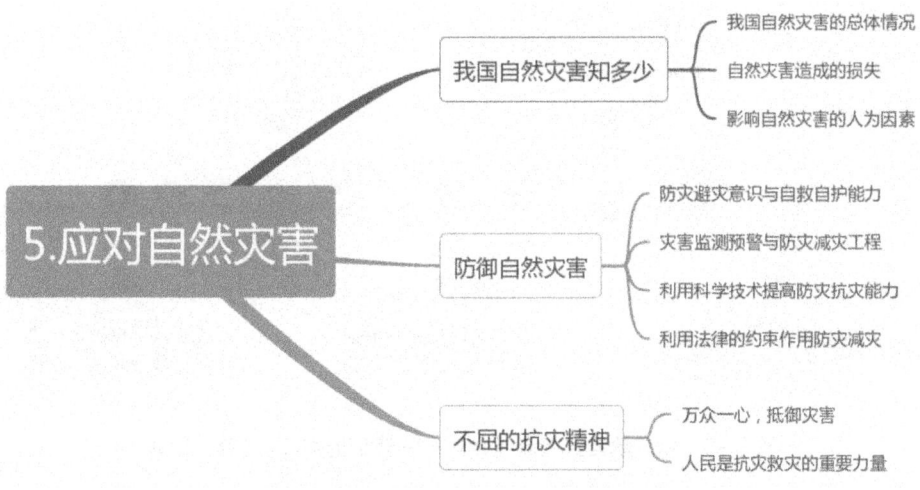

图5-7　第五课教学内容结构图

## （四）单元教学评思路

第四课与第五课课时安排与教材对应内容如下（表5-3）。

表5-3 课时安排与对应教材内容

| | 序号 | 课时名称 | 对应教材内容 |
|---|---|---|---|
| 课时信息 | 1 | 第四课《地球——我们的家园》第一课时 | pp. 28-29 我们生存的家园 |
| | 2 | 第四课《地球——我们的家园》第二课时 | pp. 30-31 环境问题敲响了警钟 |
| | 3 | 第四课《地球——我们的家园》第三课时 | pp. 32-35 我们共同的责任 |
| | 4 | 第五课《应对自然灾害》第一课时 | pp. 36-38 我们自然灾害知多少 |
| | 5 | 第五课《应对自然灾害》第二课时 | pp. 39-41 防御自然灾害 |
| | 6 | 第五课《应对自然灾害》第三课时 | pp. 42-43 不屈的抗灾精神 |

（1）明确课标要求，分析教材内容，了解学情。

（2）制订单元教学目标和作业目标。

（3）进行单元教学规划和分课时教学设计，注重教师活动、学生活动和评价方式的设计。

（4）进行作业设计，注重作业评价和反馈基本流程：围绕作业目标选取情境素材；基于学情特点设定问题任务；着眼学生发展设计评价标准和方式。

（5）根据实际情况做出本单元的教学、作业总结与反思。

教学评活动一致性规划如下（图5-8）。

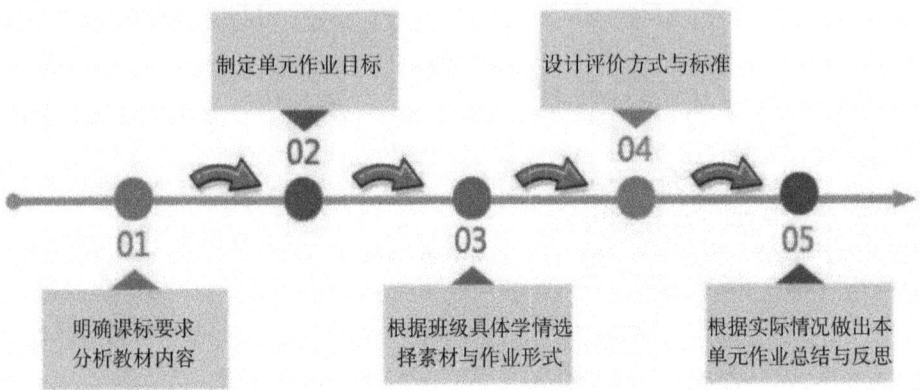

图5-8 第二单元第四课《地球——我们的家园》（第二课时）

## （五）学情分析

六年级的学生通过学校教学、社区活动、自主阅读等方式，对于地球已经有了一定的了解，知道地球是我们人类赖以生存的家园，也知道人口的迅速增长和生产力的发展及科学技术的突飞猛进，对环境造成了一定的损害，自然生态平衡受到破坏。但是学生对于地球的唯一性认识还不足，对于保护地球资源的意义还未形成清晰的认识，尚未很好认识到维护生态平衡、保护环境是关系到人类生存、社会发展的根本性问题。需要借助更加直观、丰富的学习资源及活动体验等方式，引导学生建立人与自然的共同体意识。

## （六）课时目标确定

（1）初步了解地球上的主要环境问题。（重点）

（2）分析环境问题产生根源及后果，懂得人类不善待自然就会受到惩罚。（重点）

（3）感悟人与自然和谐共存的重要性，增强保护环境的意识。（难点）

## （七）教学评活动设计

环节一：回顾——地球　美丽的家园（5分钟）

教师活动：情境导入

（PPT播放视频）

师配合旁述：

同学们，上周我们举行了地球发展大会第一次全体代表会议，会上，我们漫步地球、穿越古今，了解到地球为人类祖祖辈辈提供了充足的食物、广袤的土地、茂密的森林，还有数不胜数的其他丰富资源，是人类美好且唯一的家园。时至今日，地球已经陪伴人类走过了约300万年，你们看，这就是从外太空拍到的地球现在的样子。（视频定格在2020年的地球照片上）

学生活动：在教师创设的情境中回顾旧知，再次感受地球家园的美好。

评价活动：通过播放视频并由教师旁述，回顾前置学习情况，并为本课的学习做好认知层面和知识层面的准备。

教师活动：引导质疑。

（PPT呈现1978年的地球照片）

师：大家再看看，这是1978年的地球照片。

（PPT同时呈现两个年份的照片）

师：仔细对比这两张照片，大家发现了什么？（地球变了颜色，从蓝色变成灰色）

师：是什么导致了地球的变化？

学生活动：从对比图中发现地球表面发生的变化；对地球产生变化的原因提出质疑。

评价活动：学生认真观察图片并认真思考地球外观发生改变的原因，积极参与师生互动研讨。

教师小结：是呀，同学们，从两张照片的对比中我们不难想象，地球外观的改变是地球环境问题所导致的。（板书：环境问题）

两幅照片相距42年，在历史长河中只是短暂的一瞬，地球的变化仅仅是这42年造成的吗？为什么我们美好的水蓝色星球会变成现在这样？地球上究竟发生了什么？

教师活动：揭示主题。

（PPT呈现大会会标）

师：同学们，今天让我们继续作为地球发展大会的代表，召开第二次全体会议，一起解开地球环境变化之谜。

设计意图：激趣导入，承接第一课时所学"地球是唯一家园"，引起学生关注地球发展中出现的环境问题。

环节二：发现——环境问题"透视镜"（10分钟）

教师活动：介绍代表团。

（PPT出示预习单）

师：各位代表，上一次会议之后，大家对我们唯一的家园——地球高度关注，在学习资源包的帮助下开展了广泛的阅读，不少代表发现地球出现了不可忽视的问题，大家根据感兴趣的问题组成了代表团，分别是海洋代表团、森林代表团、土地代表团。每个代表团都开展资料搜索和探究活动，提出了自己最为关注的问题。

学生活动：各代表团挥手致意。

师：下面进行会议第一项议程，环境问题"透视镜"。

（PPT呈现会议议程）

师：请各代表团派代表依次陈述你们认为最重要的地球环境问题。注意抓要点陈述，每位代表发言时间不超过1分钟。

学生活动：代表陈述。6个代表团各派1名代表根据查找的资料，自拟角色，以第一人称的视角，代入自己的角色对所发现的问题进行简要陈述（可以自制头饰，也可以结合肢体表演）。

评价活动：学生代入角色，结合角色特点进行精彩演绎，反映前置性学习预期效果。充分肯定发言学生的学习力、创造力及参与课堂互动的积极态度。

教师活动：板书点拨引导。

海洋——赤潮、鱼虾锐减（1组：鱼虾；2组：渔民）是的，海洋污染成为世界共同关注的环境问题。

森林——面积减少、水土流失（3组：小鸟；4组：山下居民）森林代表们发现了森林锐减也导致了次生灾害，如生物多样性的减少。

土地——农田减少、牧区减少（5组：农民；6组：蚯蚓）土地代表团关注到广受全球关注的环境问题土地沙漠化。

教师活动：引出认识环境问题。

师：谢谢各位代表一针见血地指出了地球面临的问题，其实地球的环境问题仅仅是这些吗？目前最受关注的全球性环境问题还有哪些？（板贴：气候变暖、臭氧层破坏、生物多样性减少、酸雨蔓延、水体污染、固体废物污染）

师总结：这就是备受世界各国关注的世界十大环境问题。

学生活动：各代表用一句话补充，初步认识十大环境问题。

评价活动：学生能够认真思考地球上其他全球性环境问题，积极参与师生互动研讨。

设计意图：通过代入角色，自述环境问题，帮助全体同学理解当前地球主要面临的环境问题，感受到环境问题的严重性，初步树立环境忧患意识。

环节三：警醒——环境问题大追踪（20分钟）

教师活动：环境问题大追踪。

师：从代表们的叙述中我们不难发现，地球出现的环境问题不仅影响了动植物的生存，也对我们人类的生活造成了危机。那么，这些环境问题究竟是怎么产生的呢？未来的地球还会发生什么变化吗？下面进入大会的第二项议程，环境问题大追踪。

（PPT呈现会议议程）

让我们一起从具体的案例中寻找真相。

学生活动：自主探究案例——"水俣病事件"。

（PPT出示问题）

（1）水俣病是什么？

（2）为什么会得水俣病？

（3）水俣病事件给你怎样的启示？

（人与自然是息息相关的，人类所导致的环境问题，也终会有一天影响我们的健康甚至生命）

评价活动：在代表团汇报时，抓住学生的核心观点适时评价，在指导性评价中促进学生建构理解人与自然是生命共同体的价值观，从环境问题中得到启示，深入理解肆意破坏自然会受到大自然的惩罚。

师（过渡）：各代表团之前也搜集了许多环境问题的案例，这里有3个最

具代表性的案例,你们最想研究哪一个?每个团队现在商量一下,限时10秒。(接下来需要团队合作进行案例追踪)

学生活动:代表团合作选择案例探究。

(PPT出示代表团探究要求)

(1)了解案例内容。

(2)结合资源包,分析为什么会发生这样的事件,寻找根源。

(3)分析类似事件,会对地球造成怎样的后果,想象从中得到的启发。

(4)自选方式,汇报案例追踪情况。

代表团案例追踪:

每个案例请一个代表团进行小组合作探究,再进行分析演绎,教师重点点拨为什么和未来会怎样的问题。

A. 英国石油漏油事件

预设:

追问一:大家还知道哪些物质会污染海洋?

追问二:英国石油漏油事件仅仅影响了当年的海洋吗?(2015年和2020年依旧有相关报道,影响时间长、面积广)

追问三:对我们国家的海洋石油开采有怎样的启示?

补充:科学家经调查发现,海洋中铅、铜、锌的污染,要比50年前高出20倍。在人的骨骼和器官中积累很多,人类往大海所倾倒的垃圾、排出的污秽,最终会影响人类的生命。海洋污染对我们发出警示。

B. 海南天然林被毁事件

预设:

追问一:海南天然林变为人工林不都是森林吗?两者有什么不同?

追问二:毁坏天然林变人工林有怎样的危害?

追问三:我们是否应该为了利益而放弃自然环境?

补充:每个物种都是独一无二的,它们都或多或少对生态系统有着重要影响。生物界是一个整体,我们人类不可能独立生活在地球上,因为对生物多样性的保护就是保护人类的生命。

C. 世界最大沙漠扩大事件

预设:

追问一:你是否能接受生活在沙漠化的家园中?

追问二:撒哈拉沙漠扩大事件对我国的沙漠化防治有怎样的启示?

补充:我国是世界上荒漠化沙化土地面积最大、受影响人口最多、风沙危害最重的国家之一。全国现有荒漠化沙化土地44.78亿亩,影响4亿多人口生产生活。

评价活动：围绕合作能力、沟通能力等开展小组互评。教师可通过观察，评价学生的小组合作探究能力，评价小组学习的规范和效率。

教师活动：引导反思，联系生活中的实例。

师：今天大家看到的环境案例触目惊心，我们从代表们的分析中发现造成海洋污染的是谁？造成土地荒漠化的是谁？造成森林锐减的是谁？（人类）

今天的案例只是冰山一角，还有随意排放污染物导致空气污染的，浪费和污染水资源的……这样的问题其实每时每刻都在发生，甚至就在我们身边，你还有这样的发现吗？

学生活动：反思人类破坏环境的行为，反思身边的破坏环境的实例。

评价活动：学生自评，能认真思考，关注生活，发现身边破坏环境的行为事例，内心自省环境问题就在我们身边，提高对环境问题的忧患意识。

教师活动：感悟明理，敲响警钟。

师：看来每一位代表都有一双善于发现的眼睛。是呀，通过案例追踪，我们找到了环境问题的根源，发现了地球变化的真相是这么触目惊心，地球的种种变化，向人类敲响了警钟。（板贴：敲响了警钟）

设计意图：通过案例分析回顾人类曾经接受过的教训和惩罚，让学生得到启示：人与自然是命运共同体，人类不保护环境、肆意破坏，最终会受到大自然的惩罚。

环节四：践行——珍爱地球家园（5分钟）

教师活动：地球的陈述。

师：各位代表，今天的会议已接近尾声，有一位重要的代表尚未发言，下面让我们欢迎我们最亲密的伙伴——地球，发表陈述。

（PPT播放视频，视频内容聚焦人类破坏环境的地球未来）

学生活动：观看视频，聆听地球心声，深刻认识地球对于我们人类的重要性。

教师活动：思路追踪。

师：看到了地球的未来，你现在的心情是怎样的？你有什么想对地球说？有什么想对人类说？有什么想对自己说？你打算怎么做？

学生活动：感受地球面临的困境，深刻内省，化为行为准则。

教师活动：情感深化。

师：代表们、同学们，你们说得真好，人与自然密不可分，是生命共同体。（板贴：生命共同体）

（PPT出示金句）习近平总书记曾经说过：要像保护眼睛一样保护生态环境，要像对待生命一样对待生态环境。

师：让我们从小做起、从身边做起，做珍爱地球环境的好少年（板贴：

珍爱地球），让我们把今天的思考继续深化，探寻改善环境问题的良方。

（PPT出示作业要求）

师：会后，各代表团继续围绕探究的环境问题开展深度阅读和研讨，形成代表团的环境问题整治提案，在下一次的会议中进行提案的汇报。今天的地球发展大会是一次成功的大会，是一次面向未来的大会，今天的会议到此结束，感谢各位代表的参与，再会！

评价活动：抓住学生发表意见的关键词，评价学生对"珍爱地球"的感悟，以激励性、指导性评价强化学生对"人与自然是生命共同体"的认知。

设计意图：引导学生与地球对话，进行深刻反思，引导学生珍爱地球、敬畏自然。

（八）板书设计

"环境问题敲响了警钟"板书设计如下（图5-9）。

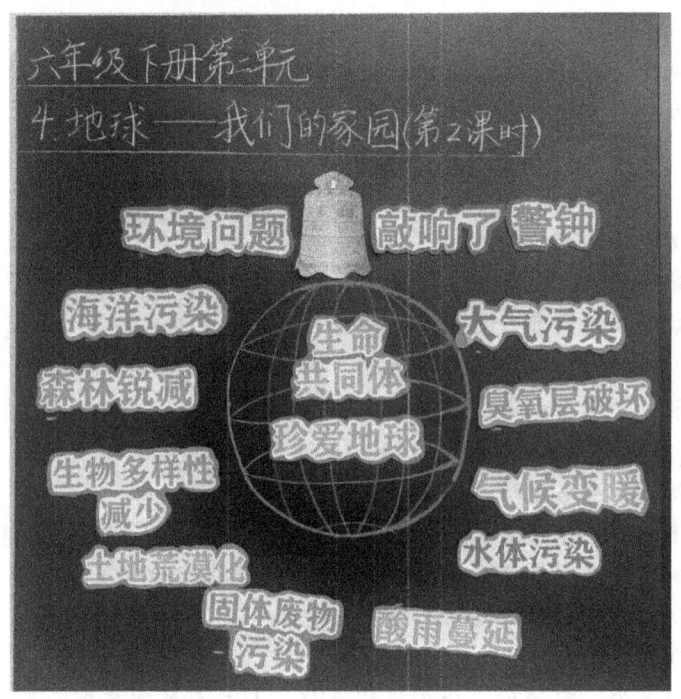

图5-9 板书设计

## （九）作业与拓展学习设计

### "环境问题敲响了警钟"课前预学作业

班级：　　　姓名：　　　学号：

环境问题敲响了警钟——地球发展大会第一次会议通知

各位同学大家好！2023 年 3 月 17 日，我们将在道德与法治课堂上召开"地球发展会议第一次会议"，本次会议的主题是"环境问题敲响了警钟"，请大家做好以下参会准备（表 5-4）。

表 5-4　参会准备事项

| | |
|---|---|
| ①请选择参会身份 | □海洋代表团<br>□森林代表团<br>□土地代表团 |
| ②你所在代表团将反映的环境问题 | |
| ③围绕"环境问题出现的原因、现状、后果"准备参会资料，整理电子资料包 | 可从以下方面搜集资料：<br>□新闻报道<br>□专家分析<br>□未来预测<br>□数据分析<br>□调查报告<br>□相关书籍资料<br>□_____ |
| | 为更好呈现你方代表团反映的环境问题，请注意以下资料整理要求：<br>(1) 文字资料整理成简洁的 word 版<br>(2) 彩色字体标注资料中的关键词句<br>(3) 视频资料控制在 2 分钟内 |

### "环境问题敲响了警钟"课后作业

班级：　　　姓名：　　　学号：

预习第 32、第 33 页，结合今天探讨的环境问题，想想人类共同的责任有哪些？撰写"保护地球家园"提案。

环境问题敲响了警钟——地球发展大会第二次会议通知

各位同学大家好！2023 年 3 月 24 日，我们将在道德与法治课堂上召开

"地球发展大会第二次会议",本次会议的主题是"环境问题敲响了警钟",请各位代表在会前撰写"保护地球家园"提案(表5-5)。

表5-5 "保护地球家园"提案

| 提案人 | | 班级 | |
|---|---|---|---|
| 所在代表团 | ☐海洋代表团<br>☐森林代表团<br>☐土地代表团 | | |
| 最关注的环境问题 | | 提案类别 | ☐环境污染<br>☐生态破坏<br>☐资源短缺 |
| 提案题目 | | | |
| 提案内容 | | | |
| 有关建议 | | | |

## （十）特色学习资源与技术应用说明

（1）运用 UMU 互动学习平台，师生在课前合作收集了许多关于环境问题的学习资源包，包括环境问题案例、视频资料、调查报告、专家评论、数据图表以及相关自然科学类的书籍，为深度学习提供广泛资源。

（2）运用希沃课件创设情景使课堂生动有趣。将《地球——我们的家园（第二课时）》设计成"地球发展大会"的情境，通过召开会议、代表发言、学生活动，让学生在不知不觉中掌握知识，在活动中注重课堂反馈，并由教师及时进行总结，运用"智能+"手段掀起一个又一个的课堂小高潮。

（3）运用智慧课室多屏互动功能，实时展示学生学习过程及成果，互动性强。采用的希沃同屏互动授课方式，让学生很有现场感。老师在一节课中给学生独立展示或者集体展示的机会，这对老师来说是很有效的监督方式，也让学生上课的时候更用心。通过积极参与课堂讨论，老师可以很快地掌握学生的学习情况，课堂的生成性很强，生成资源丰富。

（4）运用剪映等 App 进行视频创作，技术性强。本节课中，教师运用多种智能技术创设智能情境，特别是创设"地球"，使学生初步认识自然与人类的关系，这是人类共同生活的空间，地球上的灾害对人类的生活有根本性的影响。

## （十一）教学反思与改进建议

**1. 教学反思**

（1）以教育戏剧建构学习中心课堂。本课的教学坚持指向学生学科核心素养的教学理念，以学生的学习与发展为教学的本位、重点，以学生的学习活动为课堂中心，以激发、引导学生能动、独立地学习为教学追求。将教育戏剧元素融入道德与法治课堂，把课堂转化为"地球发展大会"会场，把学生课前广泛收集整理的关于环境问题的发现和思考，转化为会议代表的陈述，以"教师入戏"引导学生投入代表角色、受环境问题影响的受害者角色、专家角色，教师"有意识的设计"引导学生进行"无意识"的学习，整节课学生的学习活动伴随会议的进程层层推进，有效营造了以学生学习活动为中心的学习中心课堂。

（2）以实践体验促进学生道德建构。《道德与法治》新课标指出："充分考虑学生的生活经验，通过设置议题，创设多样化的学习情境，引导学生开展自主、合作的实践探究和体验活动，帮助学生形成正确的价值观。"本课的教学，引导学生聚焦发现环境问题，以受环境影响的动植物和人入戏，控诉环境问题，让学习资源鲜活起来，让学习变得有趣起来，有效激发了学生的学习动机；通过环境问题追踪，引导学生以专家评析、漫画创编演绎、戏剧演绎等方式激活了学生的已有认知及探究欲望，使学生在"真实"的案例情境中主动"成为"角色，体验破坏环境最终将遭到大自然的报复，在实践中产生认知的碰撞，设身处地地思考环境问题，有效促进了学生生命共同体意识的自主建构。

（3）以信息技术赋能道德与法治课堂。本课以信息技术促进学习资源的整合及课堂互动生成的可视化、实时化、直观化，运用UMU互动学习平台，师生合作创生环境问题学习资源包，为深度学习提供丰富的资源；教师结合课堂导入及总结需要，创作视频资源，有效营造探究氛围，并以"地球爷爷"的控诉升华情感，达到引导学生回归自我，深刻内省的目的；课堂上运用智慧课室的多屏互动功能，实时展示学生个性化的学习过程，使学生的学习成果可视化，有效提升教师以学定教的有效性。

### 2. 改进建议

在实践过程中，教育戏剧融入课堂，让课堂更有情景感和氛围感，让课堂变得更加生动有趣味，学生的参与度充分调动起来，但同时也让课堂出现更多不确定性，尤其是当学生们进行案例分析时，学生们现场提出超出教师预设的问题和总结的内容，需要教师捕捉学生发言的亮点并及时肯定，抓住学生未深入探究的点并引导其进一步思考。在课堂"教学评"一致性的操作中，评价多为教师点评学生，在生生互评方面略有欠缺，还需要加强课堂评价方面的研究。通过本课教学，教师获得了宝贵的经验和教训，加深了对教学理念与教学方法的理解与运用，在捕捉课堂生成、适时点拨引导等方面进一步完善教学机制。

### （十二）学习评价设计

学习评价表如下（表5-6、表5-7、表5-8）。

表5-6　课前自评、生生评价

| "环境问题敲响了警钟"课前预学评价表 ||
|---|---|
| 1. 小组成员讨论出本组最为关注的环境问题，组员积极搜集相关资料，组长及时进行整理，上传到UMU互动学习平台上。（资料类型：新闻报道、专家分析、未来预测、数据分析、调查报告、相关书籍资料等） | 自评：<br>□完成优秀　□完成较好　□还需努力<br><br>组长评：<br>□完成优秀　□完成较好　□还需努力 |

续表

| 2. 小组成员能结合资料，代入角色，以第一人称陈述环境问题 | 自评：<br>□表演生动　□表达流利　□还需加油<br><br>组长评：<br>□表演生动　□表达流利　□还需加油 |
|---|---|

表5-7　课中教师评价、生生评价

| 教学环节 | 教学活动 | 课堂评价 |
|---|---|---|
| 环节一：回顾——地球美丽的家园 | 教师出示地球对比图，学生从对比图中发现地球表面发生的变化；对地球产生变化的原因提出质疑 | 教师通过观察发现，学生能够认真观察图片并认真思考地球外观发生改变的原因，积极参与师生互动研讨 |
| 环节二：发现——环境问题"透视镜" | 教师请六个代表团各派一名代表根据查找的资料，自拟角色，以第一人称的视角，代入自己的角色对所发现问题进行的简要陈述 | 学生代入角色，结合角色特点进行精彩演绎，反映出前置性学习基本达到预期效果。充分肯定发言学生的学习力、创造力及参与课堂互动的积极态度 |
| | 教师提问：大家还了解哪些全球性的环境问题？各代表用一句话补充，初步认识十大环境问题 | 学生能够认真思考地球上其他全球性环境问题，积极参与师生互动研讨 |

续表

| 教学环节 | 教学活动 | 课堂评价 |
| --- | --- | --- |
| 环节三：警醒——环境问题大追踪 | 教师提出"水俣病"案例，学生根据案例主题，提出想了解及分析的问题。 | 对质疑能力开展自评、小组评 |
| | 学生通过平板推送的课件（或看课本），根据案例分析水俣病产生的原因、现象及启示 | 评价独立阅读、分析、表达能力 |
| | 小组团队合作，选择一个典型案例，进行案例追踪与汇报。运用Pad进行UMU学习资源包学习搜索，运用小组学习一体机进行思维导图编辑，合作完成分析演绎 | 围绕合作能力、沟通能力等开展小组互评。教师可通过观察，评价学生的小组合作探究能力，以及小组学习的规范和效率 |
| | 教师提问，引导学生反思人类破坏环境的行为实例 | 学生自评，能认真思考，关注生活，发现身边破坏环境的行为事例，内心自省环境问题就在我们身边，提高对环境问题的忧患意识 |
| 环节四：践行——珍爱地球家园 | 全体观看视频，聆听地球心声，深刻认识地球对于我们人类的重要意义，感受地球面临的困境，深刻内省，化为行为准则 | 抓住学生发表意见的关键词，评价学生对"珍爱地球"的感悟，以激励性、指导性评价强化学生对"人与自然是生命共同体"的认知 |

表5-8 课后生生评价

| "环境问题敲响了警钟"课后评价表 | | |
| --- | --- | --- |
| 1. 了解地球上主要的环境问题 | 自评： | ☆ ☆ ☆ |
| 2. 能分析环境问题产生根源及后果 | 自评： | ☆ ☆ ☆ |
| 3. 能在学校生活中爱护学校自然环境，从小事做起，从身边做起 | 自评：<br>朋友评： | ☆ ☆ ☆<br>☆ ☆ ☆ |

续表

| 4. 懂得人与自然和谐共存的重要性，能在社会实践中践行保护自然环境 | 自评： ☆ ☆ ☆<br>家长评： ☆ ☆ ☆ |
|---|---|
| 5. 当朋友或其他人破坏自然环境时，我能用恰当的方式提醒和帮助他 | 自评： ☆ ☆ ☆<br>朋友评： ☆ ☆ ☆<br>家长评： ☆ ☆ ☆ |
| 班级： 姓名： | 共（ ） |

## 三、道法主题实践课课例

### 人教版《道德与法治》小学六年级
### 第二单元《我们是公民》第四课《公民的基本权利与义务》
### 第二课时"公民的基本义务"

（一）教学内容分析

小学六年级上册《道德与法治》教材第二单元《我们是公民》第四课《公民的基本权利与义务》第二课时是"公民的基本义务"，其中"公民要履行保守国家秘密义务"这一点与学生的认知及生活经验距离较远，学生不容易理解。教师可以以"保守国家秘密 履行公民义务"为主题，结合《法治教育读本》和《中华人民共和国保守国家秘密法》（以下简称《保密法》）的学习，组织开展一次主题实践活动。本课教学将法治教育与道德教育相结合，以社会主义核心价值观为主线，以履行公民的保密义务教育为本位，力求贴近小学生的生活，引导小学生增强保密意识。保密教育是非常重要、严肃的话题，小学道德与法治教材对保密教育有所涉及，但没有专项的保密教育内容。当今时代，科技的飞速发展在带给人们便利的同时，也容易在不经意间造成信息泄露。据统计，近年来全国各种重大泄密事件时有发生，其中以经济、数据泄密更为严重，给国家带来了重大损失，间谍活动频繁，保密形势严峻，进行保密教育，从小培养学生的保密意识刻不容缓。

（二）学情分析

六年级的学生好奇心强，求知欲强，但法治观念还属于启蒙阶段，对于"保守国家秘密"基本义务的认识主要来源于六年级道德与法治课本和《法治教育读本》，学生对于《保密法》比较陌生，对于保密的认识是非常有限的。

大部分的学生看到"保密"的字眼，心里会想到保守小伙伴之间的秘密，即使学习了《公民的基本权利与义务》一课，很多同学也认为"保守国家秘密"是个别从事机密工作的大人们事情，与自己甚至自己的家人都很遥远。对于保守国家秘密的认识不全面、不深刻，缺乏自觉意识和防范意识。本次主题实践活动以教材内容为延伸，通过课前引导学生自主开展《保密法》、保密案例、保密故事等内容的探究学习，丰富学生保密相关知识的储备。在课堂上精心设计保密知识的应用实践环节，激发学生的学习兴趣，以典型事例作为切入点，通过自主与合作实践，层层推进学生对保密的深入思考，培养学生的保密意识，让学生了解《保密法》，明白国家秘密受法律保护，个人日常行为也有可能造成泄密，给国家造成重大损失，从而提高防范意识，做一个自觉履行保密义务的小公民。

（三）设计理念

《义务教育道德与法治课程标准（2022年版）》指出：上好道德与法治课，要坚持理论性和实践性相统一。依据新课标理念，本课在课前、课中和课后均创设了丰富的实践活动，引导学生在实践中学习，在实践中明理，将说理与实践有机结合，实现教学策略多样化，学生学习手段多样化。为深入贯彻落实习近平总书记对保密工作的重要指示批示精神，营造"警钟长鸣，守口如瓶"的保密氛围，课堂中创设了保密案例情境，引导学生参与体验，鼓励学生结合生活经验进行演绎、探究、讨论，丰富学生实践体验，促进知行合一。

（四）教学目标

（1）了解国家秘密的概念和《保密法》，了解保守国家秘密的重要性。

（2）明白泄露国家秘密会对国家造成重大危害，理解"保守国家秘密"是每位公民的义务，明确履行"保守国家秘密"义务的具体做法。

（五）教学重点

了解国家秘密的概念和《保密法》，知道保守国家秘密的重要性。

（六）教学难点

明白泄露国家秘密会对国家造成重大危害，自觉在日常生活中履行"保守国家秘密"的公民义务。

（七）教学准备

教师：课件、视频、保密教育资源包、希沃平台。

学生：完成预习单，学习资料包，学习小学生保密常识，了解《保密法》。

(八) 教学过程

  **环节一：榜样引领，了解保密的重要性**

  教师活动：（引导学生回顾所学）公民的基本义务——履行"保守国家秘密"义务；各团体针对"保守国家秘密"义务，课下开展自主探究与合作交流实践。

  学生活动：回顾课上所学与课下实践活动。

  教师活动：创设情境。

  创设"保密普法宣讲团进校园"活动，提醒各团体积极参与，活动最后会评选"最佳保密普法宣讲团"。

  学生活动：参与保密普法宣讲团活动。

  教师活动：学习保密榜样。

  师：有一个人，他隐姓埋名28年，只为一个国家机密——"两弹一星"，观赏视频，想一想邓稼先生为什么要保守国家秘密？（板贴：维护国家安全）

  学生活动：观看视频，思考交流。

  教师活动：认识秘密类别。

  师：同学们，除了保守国家的秘密，还有哪些类型的秘密需要我们保守？请学生宣讲团宣讲秘密的类别。

  学生活动：学生宣讲团宣讲"秘密的分类"。

  设计意图：首先通过回顾所学知识串联学习内容，明确"保守国家秘密"是公民义务。再通过观看视频，同学们边看边想，明白保守国家秘密的重要性。然后通过学生宣讲团介绍，贴近学生，明确秘密的类别。

  **环节二：宣讲团PK，明确保密知识**

  教师活动：（播放视频）《保密，就在我们身边》。

  学生活动：观看视频并思考。

  学生活动：智能交互游戏活动"保密类型齐分辨"。

  老师将希沃课堂活动推送到各团体的平板上，屏幕中显示了20个秘密的案例，分别属于个人秘密、商业秘密和国家秘密，各团体将秘密案例选入相应的类别。

  学生活动："国家秘密"案例分析。

  根据智能交互游戏活动的结果，查找"国家秘密"类别中准确率较低的秘密案例。针对一至两项具有代表性的案例，学生进行讨论和分析。

  教师活动：相机补充，帮助学生理解。

学生活动：保密宣讲。

由保密普法学生宣讲团代表结合《保密法》进行宣讲。

师小结：由此可知，国家秘密涉及广泛，任何方面的秘密一旦泄露，都会造成损失。所以我们要保守国家秘密，防范泄密。（板贴：警惕防范泄密）

教师在过程中补充：《保密法》、保密方法、泄密案例等内容。

设计意图：运用希沃智能交互系统实现数据实时分析功能，抓住正确率低的案例，引导学生进行深入思考和评议，理解容易忽略的行为。

环节三：情景演绎，践行保密行为

师：同学们，那么身处和平时期的中国，我们的保密意识如何呢？如果我们遇到一些特殊情境，当你身临其中时，你是否能践行保守国家秘密的义务呢？

师：（出示宣讲团"情境演绎"任务，提示任务要求）老师会给每个团队发放一个"案例信封"，接收到的团队一是要研读信封中的案例，二是讨论演绎方向，想象角色特点，三是将自己团队的思考演绎出来。

学生活动：（实践演绎）各团体根据老师随机派发的案例，进行合作演绎。

案例一：国庆假期，王明和家长一起来到山乡村野旅行，在乡间小路上，他看见了一辆辆军用飞机穿云破雾，威武极了，就拿出了手机准备拍摄这振奋人心的时刻。

案例二：张聪是内地某重点中医药大学的优秀大学生，所学专业可以接触到不少中医中药机密，后来作为交流生来到香港，有一位外国教授十分赏识他，希望与张聪多交流内地一些中医药的制药技术、用药配方等。

案例三：王强是一名派出所民警，"职业讨债人"李大哥请求他帮忙通过公安信息平台为他查询30位债务人的户籍、居住地址和名下车辆等个人信息。

学生活动：各团体进行汇报演绎，其他同学补充、评议。（板贴：遵守保密法规）

评价活动：各个宣讲团上台进行演绎，其他宣讲团评价、议论。

师小结：通过同学们的宣讲和演绎，我们明白了保守国家秘密要从现在做起，为了保护我们的国家，让我们的国家更加强大，我们每个同学都要履行保护国家秘密的义务。

设计意图：将刚刚学到的知识进行分析和运用，通过情境演绎，调动学生的思维能力和解决问题的能力，使学生更加了解每位公民必须要履行保守国家秘密的义务，明白违法要追究法律责任，加深对《保密法》的理解。

环节四：签署承诺，保密言行合一

师：通过各宣讲团的宣讲，大家更加明确了保守国家秘密的重要性，各团队在宣讲活动之前，也各自制作了《保密承诺书》，今天我们就在此郑重签名。

学生活动：在保密承诺书上签名，言行合一。

宣讲团庄严宣读自己团队的保密承诺。

评价活动：团队互选，选出最佳宣讲团。

师总结：必须牢固树立国家安全意识，任何时候都不能放松保守国家秘密这根弦。从我做起，人人有责。（板贴：人人有责）希望我们每个公民都应以实际行动保守国家秘密，履行公民义务，维护国家安全！

设计意图：通过保密承诺书签名活动，触动学生自发保守秘密的意识，最终通过最佳宣讲团的评选，也让整个课堂悬念迭生，调动同学们的参与热情，激发同学自觉履行保守国家秘密义务的自豪感。

（九）板书设计

板书设计如下（图5-10）。

保守国家秘密 履行公民义务

维护国家安全

人人有责

警惕防范泄密 遵守保密法规

图5-10 板书设计

## 四、整体单元项目式学习课例

**基于教育戏剧策略下的家乡文化单元整体项目式学习研究**

（一）项目简介

项目式学习概念的界定比较多，国内以夏雪梅为代表的研究者们对项目式学习的界定为：儿童在一段时间内对与学科有关的驱动性问题进行深入持续的探索，在调动所有知识、能力、品质等创造性地解决新问题、形成公开成果的过程中，形成对核心知识和学习历程的深刻理解，并能够在新情境中进行迁移。尽管国内外学者对项目式学习概念的表述不同，但有几个关键要素是一致的：真实的驱动性问题，情境中的持续探究，小组合作的学习形式，运用各种工具和资源促进问题解决，产生可以公开发表的成果。

小学道德与法治单元项目式学习方式着眼于大主题，对教学内容进行重新整合，从教材单元的整体视角出发，以素养目标为导向，通常围绕一个中心主题设计驱动性问题，强调跨学科的内容融合、情境化的学习环境和以学生为中心的教学过程，依循学科逻辑和认知规律对学习资源进行分析、整合、重组等，从而形成具有明确的素养目标、结构化内容、综合性实践活动、"教学评"一致性等要素的设计与实施系统，有助于更好地落实小学道德与法治的素养培育。

问题驱动是项目化学习的典型特征。为更好地发挥问题在驱动项目化学习任务方面的作用，教师应参照学生的最近发展区，根据学生已有认知以及项目主题等设置难易适度、环环相扣、循序渐进的有梯度的问题，围绕问题进行探究。

本项目式学习活动以统编版四年级下册《道德与法治》第四单元《感受家乡文化　关心家乡发展》为学习内容，虽然教材中的每一幅图和每一段文字都是经过精心选择的，但是每个学校及班级的学情不同。活动针对本班学生普遍对家乡现在的变化认识较为深刻，但对家乡过去的面貌缺乏认识的情况，从本校学生、本班学生的实际出发，融入教育戏剧的学习形式对本单元教学内容进行重构，开展项目式学习，实现班本化教学。

四年级下册第四单元《感受家乡文化　关心家乡发展》是小学《道德与法治》课程中家乡主题的循环单元，侧重从家乡文化形态、整体发展变化的角度，提升学生对社区和家乡生活领域的社会性学习。本项目式学习通过全覆盖面的学员参与，唤起学生对家乡的关心与热爱，从真实感受中激发学生热爱家乡之情和建设家乡的责任感、使命感，帮助学生成为家乡发展的支持者、参与者、建设者。

（二）项目式学习目标

（1）感受风俗与自己生活的密切关系，并体会这些风俗所蕴含的美好祝愿。

（2）了解本地的节日风俗，并体会这些风俗所蕴含的美好祝愿和多样情感。

（3）了解我国有哪些著名的民间艺术。关注本地区的民间艺术，并体会民间艺术对于生活的意义，了解民间艺人的聪明才智。

（4）理解本地区的自然环境和经济特点及其与人们生活的关系，感受本地区的变化和发展。

(5) 理性对待风俗的演变，关心和保护民间艺术。

(6) 了解和感受家乡的发展变化，为家乡发展做贡献，萌发对家乡的热爱之情。

### (三) 项目式学习计划制定

#### 1. 立足教材

第四单元《感受家乡文化　关心家乡发展》的编写依据是《义务教育品德与社会课程标准（2011年版）》中主题四"我们的社区生活"第2条"了解本地区的自然环境和经济特点及其与人们生活的关系；感受本地区的变化和发展；了解对本地区发展有贡献、有影响的人物，萌发对家乡的热爱之情"；第10条"了解本地区的民风、民俗和文化活动，体会其对人们生活的影响。能够识别不良的社会风气，不参与迷信活动"。

教材有意识地选取了学生较为熟悉的、与他们生活密切相关的内容，一方面帮助学生认识家乡风俗、民间艺术对自己生活的影响，另一方面引导学生理性看待家乡的风俗，关注家乡民间艺术的发展与衰落问题，培养他们对家乡发展的忧患意识和公共参与意识。本单元共分下述三课。

第十课《我们当地的风俗》从学生较为熟悉的家乡风俗入手，引导学生了解当地的风俗及其蕴含的意义，在此基础上，引导学生理性看待风俗的演变。

第十一课《多姿多彩的民间艺术》引导学生了解全国各地和当地的民间艺术，认识民间艺术的价值和民间艺人的聪明才智，并能够积极投身于对民间艺术的保护之中。

第十二课《家乡的喜与忧》立足家乡的整体发展变化，引导学生通过调查活动，既能感受到家乡发展带来的巨变，又能认识到家乡发展过程中存在的问题，并提出具有针对性和可行性的建议。

#### 2. 项目重构

本项目中以教材内容与目标作为教育戏剧实施的依据和基础，以"家乡"为主题，以"创办文化节"为支架，勾画教育戏剧故事的框架和蓝图。在学习过程中教师指导学生基于真实情境完成信息资料收集、调查报告、提出问题等一系列活动，并在单元作业设计、课时作业设计方面精心构建以扩大学生实践范围，如展开主题调查、信息资料搜集、角色体验等，激发学生的想象力、创造力、团队合作能力和表达能力，培养学生真正成为家乡发展的支持者、参与者、建设者。项目式教与学框架如下（表5-9）。

表 5-9 项目式教与学框架

| 阶段 | 内容 | 重点 |
| --- | --- | --- |
| 项目前（准备阶段） | 培训与启动：教师介绍项目式学习理念及基本流程，导入主题并指导分组<br>设计与规划：师生协商，制定计划 | 项目驱动，激发动机，确立合适的合作机制 |
| 项目中（实施阶段） | 学习与合作：在资料收集、展演、制作小报、调查报告方面学生需要通力合作，开展实践研究，完成项目<br>指导与监控：教师通过作业设计、教育戏剧设计，指导学生进行调研<br>呈现与分享：学生分组展示成果。优秀成果在年级之间展示 | 任务驱动，体验、重塑角色，交流思考与感受。发展综合运用能力和实践创新能力 |
| 项目后（反思阶段） | 评价与反馈：学生开展自评与互评，和教师合作进行项目式学习反思与反馈 | 评价驱动，凸显学科意义，促进良性循环 |

### （四）项目式学习阶段任务

本次项目式学习分为三个阶段，分别对应教材第四单元的三课。"文化节风俗大搜罗"中学生需要进行下列子任务，在子问题和子任务的引导过程中，锻炼学生相应的能力。

#### 1. 家乡风俗大搜罗

（1）收集整理当地的风俗（包括节日风俗、传统风俗、不常见但是存在过的风俗等），完成风俗档案。

（2）情感探索。通过教育戏剧创作展示习得节日风俗背后蕴含的含义以及情感价值。

（3）话题讨论：了解风俗的演变过程后，讨论哪些风俗值得传承，哪些风俗可以加以创新，哪些风俗应该随着社会进步而舍弃，说明理由并用思维导图的方式展示。

#### 2. 家乡的民间艺术

（1）数据收集：我国各个省份的民间艺术形式、种类，以及该民间艺术的传承情况。

（2）追根溯源：当地民间艺术产生的原因，如今该民间艺术的现状，衰败/成功传承的原因。

（3）整理归纳：保护民间艺术，从国家、社会、个人等不同的角度思考，我们作为小学生可以做什么。

**3. 家乡的发展变化**

(1) 资料收集：家乡近十年来的变化。(涵盖公共交通、场所建筑、文化教育等方面)

(2) 话题体验：结合收集到的资料，如果你有机会成为一日市长，针对家乡的一个发展弱点，提出自己的建议。

具体任务及问题安排见下表(表5-10)。

表5-10 任务及问题

| 子主题 | 驱动问题 | 子问题 |
| --- | --- | --- |
| 家乡风俗博物馆<br>文化风俗大搜罗<br>(对应教材内容：我们当地的风俗) | 结合《道德与法治》四年级下册第四单元三篇课文，思考如何创办家乡发展文化节，做新时代关心家乡发展，传承弘扬家乡文化小使者 | 如何了解家乡不同时期的习俗，并习得风俗的情感内涵 |
| | | 如何制定计划，介绍家乡节日风俗 |
| | | 如何了解习俗演变，呈现风俗的取舍 |
| 家乡民间艺术馆<br>文化节艺术发展大调查<br>(对应教材内容：多姿多彩的民间艺术) | | 全国各地都有哪些民间艺术？你会用什么方式展示介绍 |
| | | 你是否了解家乡的民间艺术的起源与传承 |
| | | 如何保护发展衰落的民间艺术 |
| 家乡大会堂<br>文化节家乡发展我关心<br>(对应教材内容：家乡的喜与忧) | | 家乡的发展给我们的生活带来了哪些变化 |
| | | 对建设家乡提出自己的建议 |

**(五) 项目式学习教学任务描述**

本次项目式学习教学采用"总—分"式学习情境，通过总的驱动问题"如何举办家乡文化节"引导学生在真实情境中思考和解决问题。每一个分项目都有独自的学习情境，以文化节筹备的情境引导学生深入探究学习，与课文内容一一对应。

第一站：家乡风俗博物馆。

学生主要对文化节风俗进行搜罗，对应第十课《风俗就在我身边》。在第一课时，教材对家乡教育主题的编写关注了家乡文化与儿童生活的联系，教材重点关注了儿童熟悉的风俗：出生风俗、十二生肖风俗，可以让学生课前搜集资料制作风俗档案，课中以教育戏剧的形式，引导学生小组合作在演绎中交流介绍，展开学习。第二课时"奇妙的节日风俗"引导学生结合阅读角关注了解当地人们是如何过端午节的，从而拓展延伸到当地某些节日风俗，结合主题，通过教育戏剧学生入戏的方法，引导学生进行角色体验，在做中学，领会节日风俗。第三课时"风俗的演变"同样以分小组的形式来完成课前调查活动，课堂汇报分享，引导学生批判看待需要淘汰的风俗。学生在教师项目式学习的引导下，自行合作探究完成风俗演变和创新的调查报告过程中，能达到辩证看待风俗的传承这一教学目标。阅读角的教学可以结合班级日常活动开展，让本次单元整体教学设计延伸于学生的生活，达到育人的目的。

第二站：家乡民间艺术馆。

学生主要进行民间艺术的调查和现状的研究，对应第十一课《多姿多彩的民间艺术》。第一课时计划结合教材范例，让学生根据项目式学习问题自主探究查找并归纳我国民间艺术活动特征，通过在做中学，设计民间艺术卡加深认识。第二课时"我们这里的民间艺术"安排活动搜集民间艺术，探究产生的原因，再利用课外资料引导学生形成调查报告进行课堂讨论。第三课时"保护民间艺术"结合语文课本对民间艺人的描写章节，让学生对民间艺人的高超技艺有更深入的了解，从而引发学生思考：面对民间艺术的衰落，我们应该怎么办。通过教育戏剧的排演，学生结合前两个课时的资料收集和铺垫，组织自己的民间艺术汇演，在体验活动中体会对民间艺术的关心和保护。

第三站：家乡大会堂。

学生需要对家乡发展的变化和建设进行探究，对应第十二课《家乡的喜与忧》。第一课时，通过让学生学习调查方法，搜集资料，整理资料，汇报调查成果，来畅谈家乡的发展和变化，引发学生对家乡的热爱之情。第二课时通过设计调查、采访等活动引导学生对家乡做更深入的观察和了解，进而为家乡发展建言献策。

具体任务及安排如下（表5-11、图5-11）。

表 5-11 "举办家乡文化节"学习阶段任务表

| 阶段/任务名称 | 活动目标 | 活动内容 | 课时 | 预期成果形式 | 评价形式 |
|---|---|---|---|---|---|
| 家乡风俗文化：民间风俗大搜罗 | 1. 了解家乡的风俗，感受风俗与自己生活的密切关系，并体会这些风俗所蕴含的美好祝愿 2. 了解本地的节日风俗，并体会这些风俗所蕴含的美好祝愿和多样情感 3. 了解风俗的演变过程，能够批判辩证看待风俗的淘汰和创新 | 1. 结合教材范例和课外搜集的资料，了解当地的民间风俗和民间艺术，制作风俗档案册。结合教育戏剧汇编家乡风俗剧 2. 结合语文学科，穿越古代，寻找在古诗文中隐藏的有关风俗，了解家乡节日风俗 3. 通过实地调查、资料收集，参与角色体验，与古人对话，了解风俗的演变，知道风俗淘汰和创新的原因 | 3课时 | 风俗档案册、视频、图画、思维导图、调查报告 | 过程及成果量化评价表见后附表格 |
| 家乡艺术文化：艺术发展现状大调查 | 了解我国有哪些著名的民间艺术门类。关注本地区的民间艺术，并体会民间艺术对于生活的意义，发现民间艺人的聪明才智。关心和保护民间艺术 | 1. 分活动小组调查全国与当地民间艺术，设计介绍民间艺术的成果卡片，调查艺术发展的现状 2. 探讨如何保护民间艺术，以调查报告和思维导图形式展示。运用教育戏剧策略，进行家乡民间艺术文艺汇演 3. 延伸至课后，根据学习单了解民间艺术保护措施，关心和保护民间艺术 | 3课时 | 视频、图画、思维导图、调查报告 | |
| 家乡发展文化：发展传承在行动 | 了解和感受家乡的发展变化，为家乡发展做贡献，激发学生对家乡的热爱之情 | 1. 通过实地调查和图文收集，了解家乡的发展与变化，并结合调查结果以图文形式进行汇报 2. 为家乡的民间风俗、艺术发展建言献策，结合教育戏剧，体验角色扮演进行建言献策 | 2课时 | 视频、图画、建议书 | |

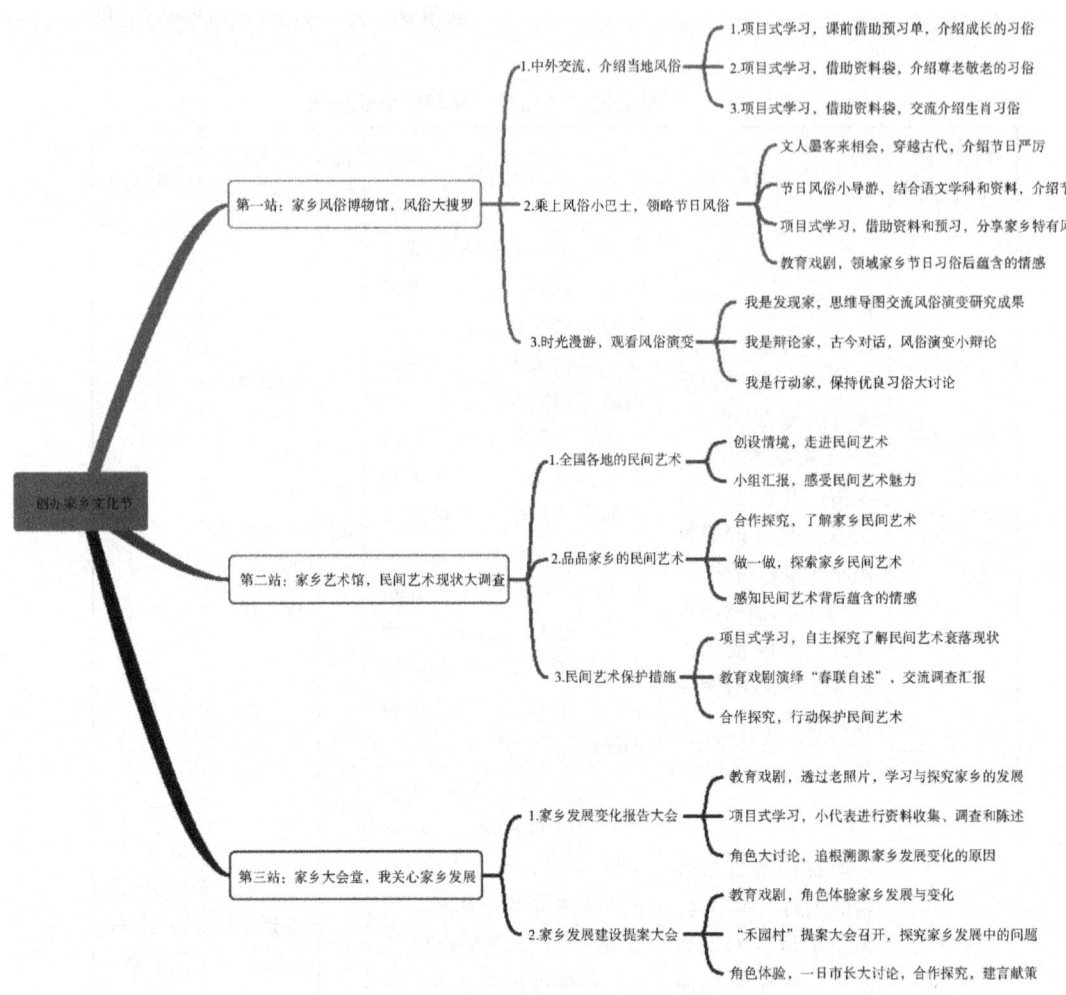

图5-11 "举办家乡文化节"任务描述

### (六)单元项目式学习整体教学策略

单元项目式学习过程中,教育戏剧这一教学策略贯穿整体。在抓住学科素养的同时,应弱化学科界限,把多种的学科带入主题课程中,遵循学生的认知、成长规律进行课程架构,依据教育戏剧的特质和原则,以主题化、生活化、游戏化的方式服务于学生的成长。在教学过程当中,学生在教师入戏的带领下,会在真实情境当中暴露他们真实的情感、态度和价值观,这些信息能更好地指导教师了解学生的心理,比如他们喜欢什么、讨厌什么、认同什么、不认同什么。本单元运用教育戏剧教学策略具体的教学生成如下。

**1. 源于生活,寻找情感连接**

学生的情感体验来源于生活,很多时候学生并不是缺乏情感,而是情感没有被唤醒。在上课前，教师以布置"学习单"的形式让学生去寻找在自己的成长过程中的当地风俗、家乡的民间艺术，画一画、写一写对家乡艺术的印象，激发学生留心当地的风俗和艺术，让学生与自己的家乡产生一定的情感连接。

在"家乡风俗大搜罗"项目上课伊始，教师入戏创造情境，让学生帮助外国友人了解中国风俗。学生以情景剧的形式即兴表演分享自己印象深刻的家乡习俗。

在"民间艺术大调查"项目第一课时中，教师运用"新闻主播"和"艺术导演"的戏剧主题，引导学生课前做好相应的资料收集，使学生能够充分发挥自己的主动性，体现学生的主体性。

### 2. 创设情境，保护注入情感

教育戏剧能让学生在一个被"保护"的状态下逐渐进入角色。所谓"保护"，就是在教师创设的情境下，学生一点点地融入自身的经验，逐渐拥有故事，从而相信角色。

于是，在"民间艺术大调查"项目第一课时中，教师通过服装的转变入戏"穿越到今天的古人"，用肢体语言和文言引导学生进入情境。在"家乡建设我关心"项目中的第二课时中改编了课本"找一找"中的课本提示，通过教师入戏后的戏剧化讲述引出一位下岗工人因为时代变迁看到村里工厂倒闭、年轻劳动力流失、留守儿童问题严重的故事情境。教师在边讲述的同时边出示课本插图和相关图片。教师鼓励学生小组自由讨论，引导学生共同书写家乡发展建议书。就这样，学生在一步步建设家乡的同时也在逐渐地"拥有"这个村庄，悄然无声地把自己带入情境角色，自然而然就成为这个故事中这座村庄的一分子。本来仅仅属于学生个人情感的事物在此环节集合了起来，变成了共同的情感基础。

### 3. 角色体验，自然流露情感

在"家乡建设我关心"项目的第一课时，学生在了解家乡的发展问题和变化时，以集体演绎静态雕塑的形式在小组内扮演家乡里的不同角色，并代入不同角色进行问题的挖掘和建言献策。重现家乡的村民在时代的发展中可能会开展的活动。学生所展示的画面其实很大程度上就是他们平时在自己的居住地里所看到的或者所经历过的场景。这时，学生就是在把自己的经验一并融入故事当中，把对自己家乡的情感也一点点注入课堂和角色中。在无形当中，他们便萌发出了对这座村庄的归属感。所以，很多学生在表达生活在这个村庄里的感受时，都谈到了"很喜欢这里""生活在这里很开心""想一直生活在这座村庄里"……此时，他们对于故事里家乡的归属感正在自然无声地流露。

#### 4. 两难抉择,做出价值判断

在"家乡建设我关心"项目前面环节的铺垫下,学生对故事中的这片土地的归属感逐渐加深,内心形成了一定的情感自觉。这时,教师入戏"村长"摆出了两难境地:政府规划在家乡的区域范围内修建一座大型的工厂,并需要征用一部分农田进行盖房,是想要家乡进行发展,还是想要保护家乡的农田及环境?学生要在村民大会上发表自己的意见,并记录在学习单上。而教师则穿过"良心巷"聆听学生的看法。此时,他们的道德情感将会促使他们做出价值判断。由于他们已经完全地被"卷入"了故事,已经完全相信自己就是这个村庄的"村民",所以,这群"村民"在对这座村庄的归属感和认同感的驱使下都在极力想办法要保留家乡的古朴。引导学生进行思考,最后学生提出了建设"架空地铁"的建议,该方案既保留了农田,又不阻碍村庄的发展。由此可见,学生在面临两难抉择时,充分地展现了对村庄的归属感和认同感,并能够提出可行的解决办法。

#### 5. 回归现实,促进情感升华

在"家乡建设我关心"这个项目所创设的故事情境里面,教师最后带领学生回归现实生活,让学生扮演一日市长,把在故事情境中所激发的情感迁移到现实的家乡中,通过分享自己对于居住地发展和改善的"政见",促使他们更加热爱自己的家乡,进一步提升他们对居住地的归属感、认同感,甚至上升到责任感,从而真正落实情感目标。

### (七)项目式学习单元作业整体设计

"我们当地的风俗"第一课时作业安排如下(表5-12、表5-13、表5-14)。

表5-12 "我们当地的风俗"第一课时作业一

| 基本信息 | 教材内容 | 风俗就在我们身边 | 作业类型 | 基础性作业 | 应用场景 | 课前 |
|---|---|---|---|---|---|---|
| | 作业要求 | 选做 | 学习水平 | 了解 | 作业时长 | 5—10分钟 |
| 作业内容 | 【课前预学作业】<br>1. 我的成长风俗档案<br>伴随我们成长的风俗有很多,你可以通过采访家人、翻看个人照片、录像等,搜寻风俗与你共成长的画面,在探寻中你一定会收获美好的回忆及长辈对你的关爱。快来动动手完善你的成长风俗档案吧! | | | | | |

续表

| 作业内容 | 成长风俗小档案 ||||
|---|---|---|---|---|
| ^^ | 风俗名字 | | 风俗场景展示区<br>（可用贴图或画<br>画的方式展现） | |
| ^^ | 风俗简介 | |||
| ^^ | 风俗意义 | |||
| ^^ | 敬老风俗小档案 ||||
| ^^ | 风俗名字 | | 风俗场景展示区<br>（可用贴图或画<br>画的方式展现） | |
| ^^ | 风俗简介 | |||
| ^^ | 风俗意义 | |||

（风俗小档案格式如上，把你制作的所有风俗小档案装订成小册子吧！）

2. 了解生肖文化

| 我了解的生肖： | |
|---|---|
| 风俗 | |
| 传说、故事 | |
| 成语 | |

续表

| | 评价标准 | 评分者 | |
|---|---|---|---|
| 作业评价标准 | 认真查找资料，展现丰富的成长、敬老风俗 | □自己 ☆☆☆☆☆ | □家长 ☆☆☆☆☆ |
| | 风俗场景图画精美，字迹工整美观，档案制作美观 | □自己 ☆☆☆☆☆ | □家长 ☆☆☆☆☆ |
| | 认真查找生肖文化资料，内容丰富 | □自己 ☆☆☆☆☆ | □家长 ☆☆☆☆☆ |
| | 能从不同方面挖掘生肖文化 | □自己 ☆☆☆☆☆ | □家长 ☆☆☆☆☆ |
| 设计意图 | 本作业属于课前调查活动。学生通过观看照片、采访家人，了解自己成长中的风俗，体会风俗对我们生活的影响，感受家人对我们的关爱 | | |

表5－13　"我们当地的风俗"第一课时作业二

| 基本信息 | 教材内容 | 风俗就在我们身边 | 作业类型 | 基础性作业 | 应用场景 | 课中 |
|---|---|---|---|---|---|---|
| | 作业要求 | 必做 | 学习水平 | 理解 | 作业时长 | 20分钟 |
| 作业内容 | 【课中协同探究作业】<br>任务一：爱幼护幼助成长——介绍当地成长风俗<br>(1) 请结合预习时制作的"成长风俗档案"小册子在小组内交流你知道的成长风俗，并思考风俗背后寄托了长辈们哪些美好的祝愿。 | | | | | |

续表

| 作业内容 | (2) 角色体验：你成了外交部的一名发言人，在明天的发布会上需要向全世界介绍家乡的一个节日，请你制定并介绍计划。<br><br>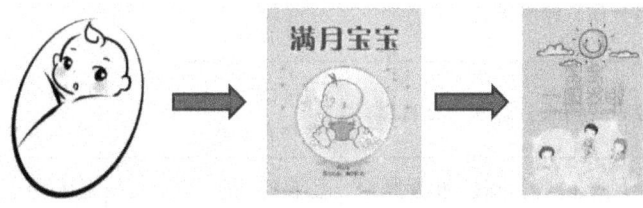<br><br>任务二：尊老敬老好美德——分享当地尊老敬老风俗<br>尊老敬老是中华民族的传统美德，有很多风俗体现了尊老的美德。根据课前搜集的资料，运用角色扮演的方式来介绍当地尊老敬老的风俗。<br><br><br><br>你好，我是迈克同学。很高兴能够了解中国的传统民俗。我知道中国有个词叫作尊老爱幼，我已经迫不及待要看看有关长辈的风俗了！<br><br>任务三：生肖文化很悠久——介绍当地"十二生肖"风俗<br>小组合作：搜集感兴趣的生肖故事、成语、传说，通过小组讨论学习，召开生肖风俗文化交流会，为外国友人们介绍关于生肖的风俗文化。 |
|---|---|

续表

| | 评价标准 | 评分者 | |
|---|---|---|---|
| 作业评价标准 | 小组合作，轮流发言 | □自己<br>☆☆☆☆☆ | □组员<br>☆☆☆☆☆ |
| | 汇报声音响亮，态度大方自然 | □自己<br>☆☆☆☆☆ | □组员<br>☆☆☆☆☆ |
| | 结合风俗内容，积极思考风俗背后的美好祝愿 | □自己<br>☆☆☆☆☆ | □组员<br>☆☆☆☆☆ |
| | 声音响亮，态度大方自然 | □自己<br>☆☆☆☆☆ | □同学<br>☆☆☆☆☆ |
| | 条理清晰，有一定顺序 | □自己<br>☆☆☆☆☆ | □同学<br>☆☆☆☆☆ |
| | 介绍风俗内容完整，讲述其中蕴含的意义 | □自己<br>☆☆☆☆☆ | □同学<br>☆☆☆☆☆ |
| | 角色扮演说话符合人物身份，对话得体 | □自己<br>☆☆☆☆☆ | □同学<br>☆☆☆☆☆ |
| | 戏剧情景流畅，表达流利 | □自己<br>☆☆☆☆☆ | □同学<br>☆☆☆☆☆ |
| | 介绍尊老敬老风俗内容丰富，讲述其中蕴含的意义 | □自己<br>☆☆☆☆☆ | □同学<br>☆☆☆☆☆ |
| | 小组合作，轮流发言 | □自己<br>☆☆☆☆☆ | □组员<br>☆☆☆☆☆ |
| | 汇报声音响亮，态度大方自然 | □自己<br>☆☆☆☆☆ | □组员<br>☆☆☆☆☆ |
| | 结合生肖文化，积极思考生肖文化背后的独特意义 | □自己<br>☆☆☆☆☆ | □组员<br>☆☆☆☆☆ |
| 设计意图 | 通过收集资料，深入了解"十二生肖"，感受风俗的丰富内涵，知道"十二生肖"在中国传统文化中具有独特地位，进而产生热爱中国风俗和传统文化的积极情感 | | |

表 5-14 "我们当地的风俗"第一课时作业三

| 基本信息 | 教材内容 | 风俗就在我们身边 | 作业类型 | 拓展性作业 | 应用场景 | 课后 |
|---|---|---|---|---|---|---|
| | 作业要求 | 选做 | 学习水平 | 理解 | 作业时长 | 5—10 分钟 |

作业内容

【课后拓展作业】

1. 穿越时空：未来的推广大使

北京成为世界首个既举办夏季奥运会又举办冬季奥运会的"双奥之城"，以国宝熊猫为原型设计的吉祥物冰墩墩风靡全球，彰显了中国文化自信。如果中国再次成功申奥，将从生肖中选择一个动物设计吉祥物，你会如何推广它呢？你可以从甲骨文、古诗词文化，与其有关的传说、神话等入手，赶紧行动起来吧！

设计理念

2. 尊老敬老我行动

尊老是我国的传统美德。拾取生活中尊老敬老的温馨时刻制作剪贴画，记录这段美好的时光吧！

【调整反思作业】

3. 自我调整和反思

（1）学完本课，我的收获是：＿＿＿＿＿＿＿＿＿＿＿＿＿＿＿＿＿＿＿＿＿

（2）我打算这样学习下一课：＿＿＿＿＿＿＿＿＿＿＿＿＿＿＿＿＿＿＿＿

续表

| | 评价标准 | 评分者 | |
|---|---|---|---|
| 作业评价标准 | 整合完善，补充新知 | □自己 ☆☆☆☆☆ | □家长 ☆☆☆☆☆ |
| | 表达流利，态度大方自然 | □自己 ☆☆☆☆☆ | □家长 ☆☆☆☆☆ |
| | 讲述传说、神话、风俗背后的美好祝愿，有自己的观点 | □自己 ☆☆☆☆☆ | □家长 ☆☆☆☆☆ |
| | 树立尊老敬老的观念，并落实在日常生活中 | □自己 ☆☆☆☆☆ | □家长 ☆☆☆☆☆ |
| | 内容丰富，字迹端正美观 | □自己 ☆☆☆☆☆ | □家长 ☆☆☆☆☆ |
| | 图文并茂，制作精美 | □自己 ☆☆☆☆☆ | □家长 ☆☆☆☆☆ |
| 设计意图 | 通过收集资料，深入了解"十二生肖"，感受风俗的丰富内涵，知道"十二生肖"在中国传统文化中具有独特地位，进而产生热爱中国风俗和传统文化的积极情感。课内与课外有机融合，把课堂了解的风俗知识进行整理，同时落实到行动当中，自觉成为风俗的宣传使者 | | |

"我们当地的风俗"第二课时作业安排如下（表5-15）。

表5-15 "我们当地的风俗"第二课时作业

| 基本信息 | 教材内容 | 奇妙的节日风俗 | 作业类型 | 基础性作业 | 应用场景 | 课前、课中 |
|---|---|---|---|---|---|---|
| | 作业要求 | 必做 | 学习水平 | 了解 | 作业时长 | 20分钟 |
| 作业内容 | 【角色体验：新闻直播间】<br>在之前的学习中我们已经了解了新闻，今天你就成为一位地方台的主持人吧。请从下列具有地域特色的节日中任选一个，经过资料收集后进行新闻播报，重点介绍节日当天的场景。 | | | | | |

续表

<table>
<tr><td rowspan="7">作业内容</td><td>民族</td><td>节日</td><td>风俗</td></tr>
<tr><td>蒙古族</td><td>那达慕</td><td></td></tr>
<tr><td>傣族</td><td>泼水节</td><td></td></tr>
<tr><td>壮族</td><td>三月三歌会</td><td></td></tr>
<tr><td>回族</td><td>开斋节</td><td></td></tr>
<tr><td>白族</td><td>火把节</td><td></td></tr>
<tr><td>京族</td><td>唱哈节</td><td></td></tr>
</table>

<table>
<tr><td rowspan="5">作业评价标准</td><td>评价维度</td><td>评价标准</td><td>评价主体</td><td colspan="3">评价水平 ☺ ☺ ☺</td><td>综合评价</td></tr>
<tr><td>知识与技能</td><td>深入了解祖国各地特色节日习俗及传统节日风俗，对风俗的地域性和多样性有深入认识，并能结合本地特色节日风俗，体会节日中寄托的人们的美好祝愿和多样的情感</td><td>教师</td><td></td><td></td><td></td><td></td></tr>
<tr><td>过程与方法</td><td>搜集资料的方法多样，能自主收集资料、筛选资料、整合信息</td><td>家人</td><td></td><td></td><td></td><td></td></tr>
<tr><td>综合能力</td><td>思维灵敏，地域特色节日新闻播报重点突出，歌舞展示能够彰显节日特色</td><td>学生</td><td></td><td></td><td></td><td></td></tr>
<tr><td>情感态度与价值观</td><td>认同中华优秀传统文化，文化自豪感强，能够尊重不同的风俗习惯</td><td>教师</td><td></td><td></td><td></td><td></td></tr>
</table>

| 设计意图 | 学生在深入了解我国各地特色节日和传统节日的基础上，探究节日风俗的由来、文化价值和时代内涵等，挖掘其文化底蕴及节日风俗中蕴含的美好愿望和多样情感，学会尊重不同的风俗习惯，激发学生的文化自豪感、民族认同感，培养学生自主学习的能力 |
|---|---|

"我们当地的风俗"第三课时作业安排如下(表5-16)。

表5-16 "我们当地的风俗"第三课时作业

<table>
<tr><td rowspan="2">基本信息</td><td>教材内容</td><td>风俗的演变</td><td>作业类型</td><td>实践作业</td><td>应用场景</td><td>课后</td></tr>
<tr><td>作业要求</td><td>必做</td><td>学习水平</td><td>理解</td><td>作业时长</td><td>不限</td></tr>
<tr><td rowspan="2">作业内容</td><td colspan="5">【变革先锋:风俗演变知多少】<br>你了解家乡需要淘汰或者加以变革的风俗吗?请你进入"古代文人"和"现代学生"的不同角色,以小组合作的形式完成下列调查吧</td></tr>
<tr><td colspan="5">

| 调查员: | | 日期: |
|---|---|---|
| 风俗的名称 | | |
| 调查的途径 | | |
| 风俗的主要活动 | | |
| 淘汰或者变革的理由 | | |
| 可能的替代性活动 | | |

</td></tr>
<tr><td rowspan="5">评价标准</td><td>评价维度</td><td>评价标准</td><td>评价主体</td><td colspan="2">评价水平 ☹ 😊 😲</td><td>综合评价</td></tr>
<tr><td>知识与技能</td><td>知道风俗应随着人们的生活需要而变化,能够辩证地看待家乡风俗,发展、创新风俗内涵,能够创造性继承风俗</td><td>教师</td><td></td><td></td><td></td></tr>
<tr><td>过程与方法</td><td>能独立地通过多种调查方法收集、整理家乡需要淘汰或变革的风俗,且书写工整、规范、有条理</td><td>家人</td><td></td><td></td><td></td></tr>
<tr><td>小组综合能力</td><td>小组分工明确,成员参与率高,讨论有序</td><td>学生</td><td></td><td></td><td></td></tr>
<tr><td>情感态度与价值观</td><td>能理性看待风俗的演变,具有理性思考能力,有保护和传承优良风俗的责任感和使命感</td><td>教师</td><td></td><td></td><td></td></tr>
<tr><td>设计意图</td><td colspan="5">学生调查家乡需要淘汰或者变革的风俗,课上讨论存在争议的风俗,引导学生学会用发展的眼光、辩证的态度理性地看待不同的风俗,关注不应被遗忘的优良风俗,有扬弃地予以继承</td></tr>
</table>

"多姿多彩的民间艺术"第一课时作业安排如下（表 5-17）。

表 5-17  "多姿多彩的民间艺术"第一课时作业

<table>
<tr><td rowspan="2">基本信息</td><td>教材内容</td><td>民间艺术交流会</td><td>作业类型</td><td>基础性作业</td><td>应用场景</td><td>课中</td></tr>
<tr><td>作业要求</td><td>必做</td><td>学习水平</td><td>了解</td><td>作业时长</td><td>5—10 分钟</td></tr>
<tr><td>作业内容</td><td colspan="6">【民间艺术交流会总导演】<br>截至 2018 年，中国民间文化艺术之乡共有 964 个，分为 7 个片区，以小组为单位选择 1 个片区，小组成为交流会总导演，分工合作，完成名片设计。<br>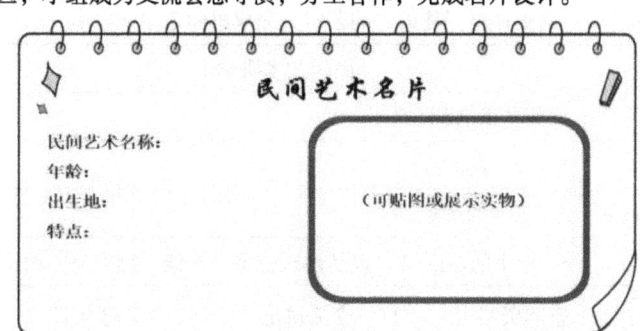</td></tr>
<tr><td rowspan="5">作业评价标准</td><td>评价维度</td><td colspan="2">评价标准</td><td>评价主体</td><td>评价水平 ☺ ☺ ☺</td><td>综合评价</td></tr>
<tr><td>知识与技能</td><td colspan="2">知道民间文学、音乐、美术、舞蹈、手工艺等都是民间艺术的重要组成部分，知道我国各地区独具特色的民间艺术</td><td>教师</td><td></td><td></td></tr>
<tr><td>小组合作能力</td><td colspan="2">小组分工明确，能够多途径地搜集各地区的民间艺术资料，展示形式多样</td><td>学生</td><td></td><td></td></tr>
<tr><td>独立思考能力</td><td colspan="2">能体会到我国民间艺术种类繁多、分布广泛的特色，在民间艺术交流会中有自己的思考和个人感悟</td><td>学生</td><td></td><td></td></tr>
<tr><td>情感态度与价值观</td><td colspan="2">喜爱民间艺术，对民间艺术产生认同感和关切意识</td><td>家长</td><td></td><td></td></tr>
<tr><td>设计意图</td><td colspan="6">通过民间艺术交流会，深入了解我国各地著名的民间艺术，感受我国民间艺术的魅力，知道我国民间艺术分布广泛、种类多样，激发学生对民间艺术的认同感和关切意识</td></tr>
</table>

"多姿多彩的民间艺术"第二课时作业安排如下(表5-18)。

表5-18 "多姿多彩的民间艺术"第二课时作业

<table>
<tr><td rowspan="2">基本信息</td><td>教材内容</td><td>我们这里的民间艺术</td><td>作业类型</td><td>实践性作业</td><td>应用场景</td><td>课后</td></tr>
<tr><td>作业要求</td><td>必做</td><td>学习水平</td><td>了解</td><td>作业时长</td><td>不限</td></tr>
<tr><td rowspan="9">作业内容</td><td colspan="6">

【民间艺术研学之旅】

民间艺术丰富有趣,由民间文学、民间音乐、民间舞蹈、民间美术和民间手工艺等组成。请你进入"民间艺术调查员"的身份,以小组为单位,通过翻阅资料、上网或采访等形式调查你感兴趣的民间艺术,完成民间艺术研学卡。

</td></tr>
<tr><td colspan="6" align="center">民间艺术研学卡</td></tr>
<tr><td colspan="2">研究主题</td><td colspan="4">民间艺术名称</td></tr>
<tr><td colspan="2" rowspan="3">研究问题</td><td colspan="4">1. 产生的时间</td></tr>
<tr><td colspan="4">2. 艺术的形式</td></tr>
<tr><td colspan="4">3. 产生的原因(可以从地理位置、气候、物产等方面汇报)</td></tr>
<tr><td colspan="2">研究方式</td><td colspan="4">查阅资料(　)　交流讨论(　)　动手实践(　)<br>参观访问(　)　其他(　)</td></tr>
<tr><td colspan="2">研究收获</td><td colspan="4"></td></tr>
</table>

<table>
<tr><td rowspan="5">作业评价标准</td><td>评价维度</td><td>评价标准</td><td>评价主体</td><td colspan="3">评价水平<br>😀 🙂 ☹</td><td>综合评价</td></tr>
<tr><td>知识与技能</td><td>知道民间艺术的发展历程,了解其对人们生活的影响,认识到民间艺术离不开民间艺人的聪明才智和开拓创新</td><td>教师</td><td></td><td></td><td></td><td></td></tr>
<tr><td>自主学习能力</td><td>能够主动学习,采用多种途径获取未知民间艺术的信息,具有整合、分析、提炼信息的能力</td><td>学生</td><td></td><td></td><td></td><td></td></tr>
<tr><td>书写能力</td><td>书写工整、规范、有条理</td><td>学生</td><td></td><td></td><td></td><td></td></tr>
<tr><td>情感态度与价值观</td><td>能够喜爱民间艺术,尊重民间艺人,对家乡文化充满自豪感和认同感</td><td>家人</td><td></td><td></td><td></td><td></td></tr>
<tr><td>设计意图</td><td colspan="7">学生课前通过采访、查阅资料等方法研究家乡的民间艺术,感受家乡民间艺术的魅力,了解家乡民间艺术的特点及产生的原因。通过了解,直观感受民间艺术与人们生活的联系及民间艺人的聪明才智,激发学生对民间艺人的尊重和对家乡的热爱之情</td></tr>
</table>

"多姿多彩的民间艺术"第三课时作业安排如下（表5-19）。

表5-19 "多姿多彩的民间艺术"第三课时作业

| 基本信息 | 教材内容 | 保护民间艺术 | 作业类型 | 拓展性作业 | 应用场景 | 课后 |
|---|---|---|---|---|---|---|
| | 作业要求 | 必做 | 学习水平 | 应用 | 作业时长 | 不限 |

| 作业内容 | |
|---|---|
| | 【文化保护大使】 |
| | 1. 中国民间文艺家协会自2003年启动了"功在当代、立在千秋"的中国民间文化遗产抢救工程，这是有史以来首次对民间文化进行国家级抢救、普查、整理和出版的巨大工程，在经济全球化的背景下，对于增强国家文化软实力、保卫国家文化主权具有重要意义。请以小组为单位，了解民间艺术的传承和衰落，用喜欢的方式撰写调查报告 |
| | <div style="border:1px solid">小组调查报告<br><br>调查时间：<br><br>调查人员：<br><br>调查主题：<br><br>调查分工：<br><br>调查步骤：<br><br>调查成果展示：</div> |
| | 2. 请以小组为单位利用课余时间自学一门最喜欢的民间艺术，并在汇报课上进行家乡民间文化节目表演 |

续表

<table>
<tr><td rowspan="5">作业评价标准</td><td>评价维度</td><td>评价标准</td><td>评价主体</td><td colspan="3">评价水平</td><td>综合评价</td></tr>
<tr><td>知识与技能</td><td>能够借鉴国家保护民间文化的做法，提出创新性建议，呼吁大家一起保护和传承民间文化</td><td>教师</td><td></td><td></td><td></td><td></td></tr>
<tr><td>信息整合能力</td><td>能够采用多种途径知道国家保护民间文化方法的方式，善于筛选有效信息并加以融会贯通</td><td>学生</td><td></td><td></td><td></td><td></td></tr>
<tr><td>语言组织能力</td><td>语言渲染力强，文字功底强，能够呼吁大家一同保护和传承民间艺术</td><td>学生</td><td></td><td></td><td></td><td></td></tr>
<tr><td>情感态度与价值观</td><td>学生具有大局观，能从国家角度思考问题、解决问题</td><td>教师</td><td></td><td></td><td></td><td></td></tr>
<tr><td>设计意图</td><td colspan="7">学生对民间艺术有了深入了解的基础上，引导学生从国家角度思考问题，了解国家在保护民间文化方面的做法，体会民间艺术作为中华文化的重要组成部分对于国家发展的重要意义，进一步激励学生勤于动手、勇于创新，推动民间艺术绽放出新的生命力</td></tr>
</table>

"家乡的喜与忧"第一课时作业安排如下（表5-20）。

表5-20 "家乡的喜与忧"第一课时作业

<table>
<tr><td rowspan="2">基本信息</td><td>教材内容</td><td>家乡的发展</td><td>作业类型</td><td>实践性作业</td><td>应用场景</td><td>课中</td></tr>
<tr><td>作业要求</td><td>必做</td><td>学习水平</td><td>了解</td><td>作业时长</td><td>5—10分钟</td></tr>
<tr><td rowspan="3">作业内容</td><td colspan="6">1. 穿越时光的旅行：请任意选择以下一个主题进行调查，调查的方式不限<br>主题一：</td></tr>
<tr><td colspan="2">方便人们文化休闲的设施建设（公园、广场、图书馆、体育馆等）</td><td colspan="2">过去<br>文字或图片</td><td colspan="2">现在<br>文字或图片</td></tr>
<tr><td colspan="6">调查方式</td></tr>
</table>

续表

| 作业内容 | 主题二： | | |
|---|---|---|---|
| | 方便人们购物的商业设施建设（超市、商场、农贸市场等） | 过去 | 现在 |
| | | 文字或图片 | 文字或图片 |
| | 调查方式 | | |

2. 小剧场表演：在"家乡教育""家乡医疗"两个主题中选择一个，通过查找资料了解家乡的变化，用表演的方式表现出不同

| 主题（在对应主题下打√） | 家乡教育 | 家乡医疗 |
|---|---|---|
| | | |
| 小组成员分工 | | |
| 变化点 | 过去 | 现在 |
| | | |
| | | |
| | | |
| | | |

续表

| | 评价维度 | 评价标准 | 评价主体 | 评价水平 ☺ ☺ ☺ | 综合评价 |
|---|---|---|---|---|---|
| 作业评价标准 | 知识与技能 | 知道家乡在生活服务设施、教育、医疗等方面的发展变化以及这种变化带给人们生活的影响 | 教师 | | |
| | 社会实践能力 | 调查、采访活动方案目标明确、分工合理，能做到安全、文明、有礼貌地调查、采访，撰写的调查、采访报告条理清晰 | 家长 | | |
| | 信息搜集能力 | 能通过观察、采访、参观、查阅资料等多角度了解家乡的发展变化 | 学生 | | |
| | 情感态度与价值观 | 热爱家乡，有把家乡建设得更美好的责任感和使命感 | 教师 | | |
| 设计意图 | 本作业是通过小组合作完成的课前调查活动，重在引导学生学会设计调查方案，通过小剧场表演的形式多角度地了解家乡的发展变化，体会家乡发展对人们生活、对个人成长的意义，激发学生热爱家乡之情，培养学生把家乡建设得更美好的责任感和使命感，树立学生的主人翁意识 | | | | |

"家乡的喜与忧"第二课时作业安排如下（表5－21）。

表5－21 "家乡的喜与忧"第二课时作业

| 基本信息 | 教材内容 | 家乡的发展 | 作业类型 | 实践性作业 | 应用场景 | 课中 |
|---|---|---|---|---|---|---|
| | 作业要求 | 必做 | 学习水平 | 应用 | 作业时长 | 5—10分钟 |
| 作业内容 | 【活动一】请你以居民的身份发现家乡发展中存在的问题，以小组为单位进行调查，完成下图。 | | | | | |

续表

| 作业内容 | 【活动二】建言献策好点子：两个小组为一个单位，开展家乡发展代表提案大会，互相交流家乡发展中的问题，并针对问题给出自己的建议，建议写完后请对方小组进行建议评价 |||
|---|---|---|---|
| | 问题 | | |
| | 建议 | 1. | |
| | | 2. | |
| | | 3. | |
| | | 4. | |
| | 评价 | 合理性（5分）：<br><br>可操作性（5分）：<br><br>实施难度（5分）： | |
| | 【活动三】一日市长体验活动：老师统计同学调查家乡发展中较多的问题进行展示，同学们化身成一日市长，挑选出一个问题进行思考并且给出合理的建议以及后续的实施方案，过程中可进行讨论 |||
| | 一日市长 |||
| | 需要解决的问题 | | |
| | 解决方案 | 【解决办法】<br><br><br>【所需人员】 | |

续表

| 评价维度 | | 评价标准 | 评价主体 | 评价水平 ☺ ☺ ☺ | | | 综合评价 |
|---|---|---|---|---|---|---|---|
| 作业评价标准 | 知识与技能 | 知道家乡建设中存在的问题,时刻关注家乡的发展 | 教师 | | | | |
| | 观察能力 | 关注家乡发展,善于发现家乡发展中出现的问题,洞察力敏锐 | 家长 | | | | |
| | 自主探究能力 | 能通过多种途径知道并总结家乡发展中存在的问题,条理清晰、方向明确 | 学生 | | | | |
| | 情感态度与价值观 | 了解家乡,热爱家乡,具有忧患意识和公共参与意识 | 教师 | | | | |
| 设计意图 | | 通过"找问题—提建议—改建议"的逻辑模式层层递进,引导学生关注家乡发展中存在的实际问题,了解家乡,以激发学生关心、关注家乡的发展和建设,培养学生的忧患意识和公共参与意识 | | | | | |

## (八) 项目式学习成果与评价

### 1. 成果展示

个人成果

(1) 完成家乡习俗档案记录。

(2) 完成全国民间艺术名片设计。

(3) 完成风俗演变调查报告/思维导图。

团队成果

(1) 合作创编家乡风俗情景剧,介绍家乡习俗和节日风俗。

(2) 以小组为单位,自行搜集资料实地调研,完成家乡民间艺术研学卡,了解家乡民间艺术。

(3) 以小组为单位,了解民间艺术的传承和衰落,用喜欢的方式记录调查结果。

(4) 以小组为单位,进行家乡民间文化节目表演。

(5) 以小组为单位,以图文收集的方式了解乡的发展与变化并记录下来。

(6) 小组分工合作,进行教育戏剧角色体验,参与"一日市长"活动,建言献策并记录下来。

### 3. 成果呈现方式

图文作品、思维导图、学习单、多媒体影音作品。

### 4. 成果展示方式

本单元学习结束，举行"家乡发展文化节"主题年级展示会，选取教室展示角和走廊进行作品展示，并在班级群里展示视频等多媒体成果，邀请老师家长和其他同学进行评价，教师协助学生将纸质成果编撰成册。

## （二）项目式学习过程性及成果评价设计

### 1. 项目学习评价设计

主题一：家乡习俗档案、家乡风俗情景剧、家乡风俗演变思维导图。

主题二：民间艺术名片、民间艺术汇演、家乡民间艺术研学卡、民间艺术传承调查报告。

主题三：家乡发展调查报告、"一日市长"建议表。

### 2. 单元项目式学习过程及成果量化表

表6-1 单元项目式学习过程及成果量化表

| 过程评价标准 | 评分者 | |
|---|---|---|
| 认真查找资料，展现丰富家乡风俗 | □自己<br>☆☆☆☆☆ | □家长<br>☆☆☆☆☆ |
| 能够进行小组合作，提前制定活动计划 | □自己<br>☆☆☆☆☆ | □组员<br>☆☆☆☆☆ |
| 能够正确进行资源管理和分析，通过资料形成自己的看法并取得成果 | □自己<br>☆☆☆☆☆ | □组员<br>☆☆☆☆☆ |
| 汇报条理清晰，态度自然大方 | □自己<br>☆☆☆☆☆ | □教师<br>☆☆☆☆☆ |
| 学生在教育戏剧入戏的过程中能跟随老师的问题引导形成自己的思考 | □自己<br>☆☆☆☆☆ | □教师<br>☆☆☆☆☆ |
| 认同中华优秀传统文化，尊重不同的风俗习惯 | □自己<br>☆☆☆☆☆ | □教师<br>☆☆☆☆☆ |
| 体会民间艺术的特点，在交流中有自己的感悟 | □自己<br>☆☆☆☆☆ | □组员<br>☆☆☆☆☆ |

续表

| 过程评价标准 | 评分者 | |
| --- | --- | --- |
| 自主调查了解民间艺术产生的发展历程与对人们生活的影响 | □自己<br>☆☆☆☆☆ | □家长<br>☆☆☆☆☆ |
| 通过自主创编文艺汇演弘扬民间艺术，尊重民间艺术的艺人 | □自己<br>☆☆☆☆☆ | □家长<br>☆☆☆☆☆ |
| 借鉴国家民间文化保护办法，提出创新性民间艺术保护建议 | □自己<br>☆☆☆☆☆ | □教师<br>☆☆☆☆☆ |
| 通过调查了解家乡各方面的变化和这些变化对生活的影响 | □自己<br>☆☆☆☆☆ | □组员<br>☆☆☆☆☆ |
| 知道家乡存在的问题，通过角色扮演条理清晰地阐述 | □自己<br>☆☆☆☆☆ | □组员<br>☆☆☆☆☆ |
| 能够关注家乡发展，具有忧患意识和公民参与意识 | □自己<br>☆☆☆☆☆ | □组员<br>☆☆☆☆☆ |
| 成果评价标准 | 评分者 | |
| 风俗档案册<br>1. 内容丰富，包含成长、敬老、生肖风俗。<br>2. 风俗场景图画精美，字迹工整清晰，档案制作美观。<br>3. 角度多样挖掘风俗背后的内涵 | □自己<br>☆☆☆☆☆<br><br>☆☆☆☆☆<br><br>☆☆☆☆☆ | □组员<br>☆☆☆☆☆<br><br>☆☆☆☆☆<br><br>☆☆☆☆☆ |
| 思维导图<br>1. 逻辑条理清晰，小组分工明确<br>2. 内容介绍完整，有自己的看法 | □自己<br>☆☆☆☆☆<br>☆☆☆☆☆ | □教师<br>☆☆☆☆☆<br>☆☆☆☆☆ |
| 短视频（教育戏剧）<br>1. 学生人戏，符合人物和文本的基调<br>2. 能在演绎过程中体现课文蕴含的情感价值目标<br>3. 能通过演绎加强自己的思考和看法 | □自己<br>☆☆☆☆☆<br>☆☆☆☆☆<br><br>☆☆☆☆☆ | □组员<br>☆☆☆☆☆<br>☆☆☆☆☆<br><br>☆☆☆☆☆ |

续表

| 过程评价标准 | 评分者 | |
|---|---|---|
| 调查报告<br>1. 结构完整<br>2. 资料信息充足<br>3. 观点表达清晰有逻辑 | □自己<br>☆☆☆☆☆<br>☆☆☆☆☆<br>☆☆☆☆☆ | □教师<br>☆☆☆☆☆<br>☆☆☆☆☆<br>☆☆☆☆☆ |
| 成果评价标准 | 评分者 | |
| 视频（文艺汇演）<br>1. 契合民间艺术的主题<br>2. 来源于收集的资料和生活经验<br>3. 富有创意，宣传效果好 | □自己<br>☆☆☆☆☆<br>☆☆☆☆☆<br>☆☆☆☆☆ | □全班<br>☆☆☆☆☆<br>☆☆☆☆☆<br>☆☆☆☆☆ |
| 建议书<br>1. 根据调查报告和生活观察所得，进行问题论述<br>2. 体现对于传统文化和家乡发展的人文情怀 | □自己<br>☆☆☆☆☆<br>☆☆☆☆☆ | □教师<br>☆☆☆☆☆<br>☆☆☆☆☆ |
| 认同中华优秀传统文化，尊重不同的风俗习惯 | □自己<br>☆☆☆☆☆ | □教师<br>☆☆☆☆☆ |

## （九）活动成效与反思

**1. 活动目标达成情况**

（1）激发学习动机

本次项目式学习设计了"如何创办家乡艺术节"这一个贴近学生生活实际的真实情境，项目主题符合社会发展的需要，有利于学生塑造正确的价值观。教师深入分析学生的语言、认知基础和生活经验，通过结合课文不同程度的实践、调查、演绎任务安排，从而激发学生的内在学习动机。学生能在真实情境当中体验角色，和自己的生活经验结合，进行自主学习与创造。

（2）加强学生的交流与合作

项目式学习从问题的提出到解决问题的方案设计、具体实施、结论的得出、研究成果的评判，均由学生完成。在项目实施过程中，小组合作探究、共同完成任务是项目实施的一个重要特征。在本次项目式学习活动当中，学生需要进行多次实地调研、角色体验，要将自己的已知和项目的未知结合，这需要学生之间进行紧密的合作和交流。

(3) 提高学生现有知识水平

本次项目式学习在评价与反思阶段通过下列维度检测学生的学习效果：情感维度（是否更了解家乡、对家乡的想念程度等）、知识维度（调查方法、提建议的方法、是否学习到新知识等）、教育戏剧体验维度（是否参加表演、调查、角色体验、感受如何等）。经过年级调查发现，每个班在评价量化标准的情况下，有80%以上的学生能够在运用课堂上学习的调查方法、了解家乡风俗艺术的情况和发展、为家乡的建设提出建议这三个方面有比较长足的进步。学生在本次活动中完成思考、合作、探究、修正等一系列项目实施的步骤，最终生成明确的项目产品，如教育戏剧视频、档案册、调查报告等，对学生的知识水平和思维能力的培养有很大的促进作用。

**2. 项目式学习活动反思**

(1) 背景知识还原呈现

本次项目式学习的单元是家乡主题单元，如果教学过程单纯传授知识，则往往导致学生的接受能力不高，掌握程度较差，但是项目式学习的活动允许将知识的所在背景环境、背景信息通过线索或任务提供给学生，可以让学生受到知识发展过程的有效牵引，从而逐步地学习到这些知识。只有经历了过程，才能让这些知识的效能化达到最大。

(2) 主题单元式学习

知识的学习是一个循序渐进的过程，很少有知识能够适合于所有受众，所以要对所学习的知识进行整合，通过必要的精简、调整、整理、统合、补充，以促进学生学科认知的建构和发展。

针对知识创设真实情境，在真实情境中提炼出学习主题，通过提出驱动性问题和任务，结合上游知识、后续知识以及跨学科维度上进行知识的整合可以有效地让学生在较短的时间内对部分知识进行相对完整的学习，这样便于学生进行模块化学习，项目式学习活动让学生在实践中完成知识的逐步学习。

(3) 回归实践与生活

从统编版教材编排而言，人们学习知识的目的就是要运用知识解决、解释我们身边的问题。本次项目式学习通过创设情境，使枯燥乏味的学科知识有了丰富的附着点和切实的生长点，让学科教学具有更加深刻的意义。生活化的驱动问题，更容易让学生接受，更贴合生活实际；有切身的感受，会使问题更有质感，更容易让学生产生情感共鸣。

本次项目式学习的任务编排体现了学科性，以"家乡"为切入点，以"创办文化节"为支架，弘扬中华优秀传统文化、优秀的民间艺术与习俗，让学生在自主体验和实际调研当中，加深对于家乡的情感，感受建设家乡的责任担当，体现道德与法治学科的政治性、思想性、综合性和实践性，兼具自主性与教育性。

# 第六章 教育戏剧与思政教师专业发展

## 第一节 教育戏剧师资现状与需求

### 一、新时代思政教师的素养

《中共中央、国务院关于深化教育改革全面推进素质教育的决定》指出："实施素质教育，就是全面贯彻党的教育方针，以提高国民素质为根本宗旨，以培养学生的创新精神和实践能力为重点，造就'有理想、有道德、有文化、有纪律'的、德智体美等全面发展的社会主义事业建设者和接班人。"这是素质教育的科学内涵。

实施素质教育，推进思政课教育教学改革，提高教师素质是关键。"振兴民族的希望在教育，振兴教育的希望在教师。"这是党和人民在几十年社会主义建设的经验和教训中得到的共识。

思想政治课是对学生进行公民品德教育和初步马克思主义常识教育的必修课程，也是专业课程。习近平总书记强调："要着力建设一支政治强、情怀深、思维新、视野广、自律严、人格正的思政课教师队伍。"这是对广大思政课教师提出的明确要求和根本遵循。作为思想政治教师必须具有以下素养。

#### （一）精深的专业知识结构

这是教师从事本职工作、做好教育教学的前提。思想政治专业知识结构要求：首先，教师必须掌握本学科的基本知识、原理、内容和发展动态及其与教育教学内容的联系；其次，熟悉、掌握课程标准和教材，特别是对教材的知识点、重点、疑难点，包括与社会热点的联系，要了如指掌；最后，努力学习教育科学理论，掌握教育教学规律及学生的身心发展规律。

#### （二）广博的知识面

首先，要掌握相关学科的一般知识，如教育学、理学、法学等；其次，应了解现代科学及新兴学科、边缘学科的有关知识，如知识经济、网络化的知识等，特别是作为现代化教学工具的计算机、多媒体、网络技术，教师一定要了解、熟悉，并能将相关技术应用到教学中去。

### （三）良好的教育教学能力

教育教学能力指教师开展教书育人活动的能力。思政课教师的教育教学能力主要包括：一是能够深刻理解党的路线、方针和政策，把握时代脉搏，及时更新自己的教育观念，做到与时俱进。二是能较好地吸收、消化和综合运用各科知识与资源，为教育教学服务。三是教学形式多样，教学方法灵活，教学手段先进，能够因材施教，善于调动学生的积极性，注重学生能力的培养。四是具有勇于探索的精神和勇气，能够不断地在教育教学的实践中及时总结经验和教训，善于将教育教学与科研结合起来，在科研的指导下促进教育教学的发展。

## 二、教育戏剧引领思政教师专业成长新方向

教师要不断提高自己的理论水平和专业素养，增强道德与法治课程的思想性、理论性和亲和力、针对性。小学道德与法治教师创新教学方式需要抓手，将教育戏剧融入小学道德与法治课程的教学过程可以拓宽该学科课程的研究范围，有利于促进教师教学方式的转型。

### （一）教育戏剧培养教师的实践判断力

教育戏剧作为一种创新的教育方式，能够培养教师的实践判断力，从而更好地进行小学道德与法治学习方式的转型研究。在戏剧课堂上，教师可以通过设定道德冲突的场景，让学生置身于具有道德两难的境遇中，促使学生进行道德选择和评价的学习。通过观察学生的表演，教师可以判断学生对道德问题的理解和反思能力，进而更好地指导学生的道德养成。

### （二）教育戏剧提升教师的教学能力

教育戏剧通过将角色扮演、情景模拟等元素融入小学道德与法治学科教学中，创造出情境性和真实性的学习环境。教师可以根据学生的实际情况进行灵活调整和引导，展示教育理念和知识技能，提升教学效果。在教师实施教育戏剧教学后，学生的引导能力、课堂组织能力和情感管理能力等方面往往会有显著的提高。

## 三、思政教师运用教育戏剧的困境

教育的根本是对人的自我学习能力的培养，然而，枯燥、填充式、学习他人经验的传统式教学方法常常会让学生陷入一种被动接受的学习状态，不利于学生自我学习能力的培养。教育戏剧作为一种教学方法，蕴藏着教育者纯真、美好的教育理想，将"玩"和"学"两个看似矛盾的概念有机融合，让课堂变得活泼、生动、有趣，让学习者变被动为主动，将知识学习变成能力学习。在思政课堂运用教育戏剧进行教学，通过创设真实、有趣、充满正能量的情境，有效激发学生学习兴趣；特定的角色扮演，通过学生的角色迁移，能使学生以新的视角体验角色感情，处理角色问题，进而深化道德情感；在小组合作活动中，小组成员都需要表达自己的想法，在合作互助中能领悟团结协作的重要性，并将学到的知识应用到生活中，做到知行合一，在道德两难中促进情感道德的成熟和升华。

将教育戏剧作为教学手段应用到小学道德与法治课堂是一种创新的教学方法，是教师教育教学能力提升的一个重要途径。近些年来，关于教育戏剧教学方法以及课程的实践在国内教学领域，尤其是早教领域已成星火燎原之势，但在实践中，由于师资的缺乏，教育戏剧的开展虽然得到了很大的发展，实际的收效却与教育戏剧本身能产生的教育效果还存在很大差距。

运用好教育戏剧，师资队伍的建设与培养是关键。没有高质量的师资队伍，就没有切实有效的教育戏剧的推广。教育戏剧要在思政课中用好，取决于思政教师对教育戏剧的认同与运用能力。

目前，教育戏剧运用于思政课堂，还存在一些困境。

### （一）教师缺少对教育戏剧的认知

目前，教学戏剧在我国还处于探索阶段，适用的范围还很小，没有得到很好的普及。很多教师错误地认为，在课堂教学中运用教育戏剧不利于课堂节奏的掌握与课堂任务的完成，一节课只有45分钟，要费心地进行教育戏剧的教学设计，学生也很难按教学设计达成教学目标，这种教学方式浪费时间、影响教学进度。甚至，大部分教师因为没有接触过教育戏剧，不理解什么是教育戏剧，再加上小学课堂本身也存在着许多不确定的因素，教学情况具有一定的复杂性，教师如果经验不足，很容易出现难以控制教学现场、教学时间和学生情况的现象，进而导致教学效率的下降。

## （二）缺乏完整的教育戏剧师训体系

在以教育戏剧为主的思政课堂教学中，教师承担着多重角色。在课堂教学之前，教师要做好充分的准备工作，根据主题的内容，安排、设计出与之相适应的戏剧活动；在上课过程中，教师需要在各个教学阶段，控制好教学节奏，指导学生在所创设的戏剧情境下，展开相应的表演，在需要的时候，教师也需要融入自身的角色中，与学生共同完成对角色的演绎，尤其是对较低年级的学生而言，已有的知识和经验并不足以支持他们完成相应的任务，这就要求教师参与到整个教育戏剧的活动中去，并适时地给予支持和指导。这对于教师来说无疑是巨大的挑战。

教育戏剧所要求的专业性高，操作复杂，对教师的能力要求是极高的，不仅需要教师自身付出极大的努力，还需要有相应的优质的培训。然而。目前国内真正掌握教育戏剧培训方法的教师还是少数群体，能够承担教育戏剧师训体系课程的培训较多集中于民间的培训机构，学校层面尚未建立完整的教育戏剧的师训体系，因此师资的匮乏是当前教育戏剧推广的最大问题。在教育戏剧师资培训力量不够的情况下，显然是难以大面积培育更多教育戏剧教师的。

## （三）缺少各方力量的支持

目前，教育戏剧的应用逐渐引起了人们的重视，但其在教学中的运用还很少，尤其是在思政学科中的应用。从整体应用情况看，大部分的中小学都是将其作为校本课程进行开发，缺乏系统运用的理论与实践。受许多客观条件的限制，教育戏剧的开展实非易事。

教育戏剧在国内属于一种新型的教学方法，其内在价值、种类等还没有一致的看法，教师能否得到教育戏剧的相关研究资料，能否有先进的教学理念，能否参与教学戏剧的培训，很大程度上取决于学校能否给予支持与帮助。而学校可能受自身发展条件的制约，难以为教师发展提供相应的资源。从社会层面而言，认知度不足、专业资源匮乏、相关专业和教育之间的壁垒尚未打破等客观因素导致学校、社会都难以为教师的专业发展提供强劲的助力。

## 四、思政教师的教育理念转变

长期以来，思政课的教学模式单一，方法简单呆板，不仅抑制了学生学习的积极性，也束缚了教师积极性的发挥。思政课改革要树立正确的教育教学观，要由"以教师为中心"转变为"以学生为中心"，充分发挥教师和学生两方面的积极性，使教师的主导作用与学生的主体地位有机结合，真正使学生由被动的接受者变为教育教学过程的主动参与者和建设者,教师由"主演"变为"导演",彻底摒弃"我说你做,我训你服"的封建家长式的教育模式和满堂灌的教学模式。

### (一) 提高对教育戏剧的认知

教师转变传统的教育理念,需要对新的教学方法建立认知。传统的教学方法是机械的,以传授知识为主,课堂教学会忽略学生的情感态度、价值观、思维、能力的形成与发展。教育戏剧作为一种新的教学方式,如果在思政课堂上适当地运用,就不会让课堂空虚,而是可以更好地促进学生的自我发展。[①]

教育戏剧是一门综合性的艺术,教师在面对新事物时应该不断地虚心学习,多了解教育戏剧的相关理论知识,并尝试接受、实践这种新的教学方法。教师在工作之余,要多看一些有关运用教育戏剧进行思政教学的案例,认真分析并思考相关的课程教学视频,并在教学实践中反思自己的教学行为。教师可以多阅读与教育戏剧相关的专业书籍、论文等资料,借助网络资源的便利性,充分利用自己的业余时间掌握相关的教学知识与教学技巧。

### (二) 明确教师应具备教育戏剧教学素养

教育戏剧适合运用于小学阶段的教学,作为思政教师,虽然不是专业的教育戏剧老师,但要具备一定的教育戏剧教学素养,主要包括教师的教育教学理念与技能。也就是说,教师学习教育戏剧教学方法,是为了理解和掌握教育戏剧的基本理念、操作流程与技术规范,能以教育戏剧的基本理念指导教学设计和教学活动,能够较为熟练地运用教育戏剧技巧组织、实施教学,能采取科学的评价检验实施效果,目的是更好地提升教育教学能力和思政课的教学效果。

### (三) 定位并适应教师在教育戏剧中的角色

教育戏剧不同于传统课堂教学以抽象化、平面化的知识为认知对象,在教育戏剧的道德与法治课堂当中,教师会让学生通过亲身参与体验来获得理解,并在小组讨论中提升表达能力。教师询问学生时,不再是传统课堂中带有压迫性的点名提问,而是为学生提供了浸入式情境,让学生在角色中进行表达,让学生潜移默化地获得知识的主观内在体验,也为学生拓宽了全新的认知途径。

教育戏剧是一种教学方法,使用教育戏剧,教师首先就要定位好自己在整个教学活动中的角色,这个角色不是指剧本中的特定角色,而是教师作为课堂教学组织者的角色。

---

① 代欣妍. 教育戏剧在小学语文阅读教学中的应用研究 [J]. 知识文库,2024,40 (6):17-20.

教育戏剧将教师的身份变成了引导者，需要教师放低自己，"变弱"甚至"装傻"，将学习空间更多地留给学生以激励学生参与的积极性，让受教育者成为完成课程任务并解决问题的主体。而作为引导者，虽然教师在课堂上的地位表面看是被弱化了，但在实际上，引导者要保证课堂的完整性和规划性，反而需要具备更为全面的素养，任何要教给学生的东西，必须被网罗在广大的知识和技巧中。作为引导者，教学艺术是关键，在任何一个学习活动中，教师都要有能力去预期及预示下一步要做什么，需要什么，要有"瞻前顾后"的实力。如果把整个教育戏剧的课堂当作一台戏，作为教育戏剧引导者的老师，就像布莱希特戏剧理论中的叙事者，在剧中能够"跳入跳出"，"跳入"是为了带领学生更快地进入情境，"跳出"是为了引导和评论。客观而言，引导者的"跳入跳出"会直接影响学生的情感体验和理性分析。[①]

作为引导者的教师要灵活地"跳入跳出"，除了具备基本教学理论知识，还需要有创作戏剧的能力、进行戏剧表演的能力、将教育戏剧与课程进行融合的能力以及良好的组织和掌控课堂的能力。因此，教育戏剧课堂中教师要做好以下三种角色的转变。

**1. 指挥全局的导演**

一部戏中，导演是指挥全局的组织者和领导者，需要从剧本创作到演员表现以及舞台呈现各个方面都事无巨细加以掌控，教师的课堂教学在一定程度上来讲，也与剧场中导演的角色不谋而合。一节课就像是一部戏，教师要善于运用教学技巧将整节课串联起来，在教育戏剧教学活动中，教师要让学生一步步进入到其构建的戏剧情境中，在戏剧过程中让学生主动参与到即兴表演中去，并带领学生一起进行讨论与反思。在一系列的教学过程中，教师的角色定位不只是教授课文中所包含的知识点，而是需要通过对教材中的知识与学生的生活实践进行整合，将课堂变成一出寓教于乐的戏剧，教师的角色也在这个过程中转变成为一个掌控课堂内容、指挥学生进行各个环节参与表现的导演。

**2. 精心创作的编剧**

教学设计是教师在教学过程中重要的文字资料，提前的备课与教案的编写也是教师必不可少的课前准备。因此，区别于传统教案，融合教育戏剧时，教师要将戏剧元素与教材知识有机地结合起来，同时要贴合学生的生活经验，能够引起学生的兴趣，让学生在戏剧活动中培养自我认知的能力，促进学生的全面发展。一般的戏剧剧本是按照引入—发展—高潮—结束的逻辑创作的，戏剧理论家布伦退尔在《戏剧的规律》中明确把冲突作为戏剧艺术的本质特征。而教育戏剧课程的规划也与传统戏剧有着异曲同工之处，通过矛盾的冲突与解

---

① 高天. 论儿童教育戏剧教师的能力培养［J］. 戏剧之家，2020（8）：123-124.

决,帮助学生实现世界观、人生观、价值观的建构。教师的"编剧"角色转变就是以编写课程、创新内容作为出发点,解决课程中如何"教"的问题。

### 3. 声情并茂的演员

"教师入戏"是教育戏剧中的一个基本范式,也是课堂中使学生浸入戏剧情境的高效教学手段。这个方法指的是让教师在戏剧情境中当众扮演一个角色,通过角色的口吻与学生产生对话和互动,突出教师的主动参与和学生本位,用教师自身的氛围烘托和情境再现的形式将学生引导到与教师互动的课堂知识学习层面。教育戏剧教学过程中,整个课堂就像是一个教师带领学生沉浸式体验的舞台,教学相长,师生在参与、体验与互动中获取知识与建构意义。

## 五、思政教师教育戏剧的关键能力

思政课教师要熟练地掌握并运用教育戏剧,除了一般的教学能力与技巧外,还需具备与教育戏剧相关的关键能力。

### (一)环境创设能力

具身认知理论认为,人的认知过程在一定程度上和大脑所处的身体结构、身体与环境在交互时产生的自我体验与感受有关。因此,在以具身理论作为理论基础的教育戏剧教学中,环境是一个不可缺少的要素。环境分为两种类型:一种是真实环境,一种是虚拟环境。教育戏剧教学会大量运用相关的真实环境和虚拟环境。为了让学生有更强烈的体验感和更多的参与性,教师应该重视环境的创设,利用设备、服饰、道具、音乐、舞台背景等象征地表达某些所需的情景,用语言构建能使学生置身其中的虚拟环境,最大限度地发挥课堂教学的作用。

### (二)有效引导和合理控制教学过程的能力

将教育戏剧应用在道德与法治教学中,增加了师生、生生之间的交流互动。运用教育戏剧教学时,学生喜欢参加课堂中的交流,他们在交流当中都是非常活跃的。因此,教师常常会发现,学生在讨论和排练的过程中会花费很长的时间。这需要教师对各个教学环节的时间进行均衡,以防止部分活动时间太长而影响教学过程的节奏。同时,教师还应该充分考虑平衡学生的思考和活动参与的时间,给学生留出足够的时间进行深入的思考,并引导学生了解戏剧策略的真正用意。

### （三）对学生的指导能力

每个学生的生活经验和学习经验是不同的，教师在上课之前进行教学设计的时候，要充分考虑学生的实际情况，有针对性地设计活动内容与流程。维果斯基建议教师教学要符合学生的"最近发展区"，教师应充分了解学生的年龄、性格特征、道德水平等，准确找到学生当前的层级，在教学过程中给予学生适当的指导，以利于促进学生的发展。

### （四）教学评价与反思能力

道德与法治教学离不开教学评价，在传统教学中是以教师评价学生为主，这种单向性的评估并不能起到促进教学效果的作用，更不能有效激发学生的学习积极性。教育戏剧的运用使道德与法制教学充满了多向互动，因此，要注重评价主体的多元化，既让学生形成自我反思，又对学生与学生之间的交流起到推动作用。师评、生评、自评等评价主体的多元化，与新课程改革的评价理念相一致。

同时，评价还应该考虑到学生的各个方面。每个小学生都有他们独特的一面，不管是在教室里，还是在教室外，教师都应当鼓励学生积极地参与教学活动，自由地表达自己的想法，注重对学生的学习过程进行动态评估，将定性与定量相结合、口头与书面相结合等。例如档案袋法，可以将学生的学习和教师的评价相结合，将学生所有方面的状况都记录下来，在现实的学习和生活中，对学生的状况进行评价。多样化的评价能够为学生提供更多的发展空间，激发出学生更多的学习潜能。

## 第二节 思政教师教育戏剧素养提升策略

随着时代的发展，小学道德与法治课程的教学理念、内容体系和实施方式发生了变化，赋予了小学思政教师新期待、新标准和新实践。准确解读教材、更新教学理念、转变教学方式，推动课程高效落地，是每一位小学思政教师面临的现实问题，因此需要每一位教师提升自己的课程实施能力以因应课程的教学需要。思政课堂运用教育戏剧提升教学效果，需要教师多方面的能力加持，这也意味着需要对教师进行较为全面的专业训练。

## 一、借助校外资源进行师资培训

教育戏剧教师的缺乏是阻碍教育戏剧大范围推广的重要因素，教师有关教育戏剧专业知识的培训需要借力校外专业的戏剧教师。从教育戏剧的目标分析、剧本创作、角色定位、表演技能，到音乐制作、舞美设计，都需要专业教师的指导。与专业院校或者机构合作，引进专业的戏剧培养人才，结合学校教师的发展目标与需求，制定适宜的教师培训课程，是目前增强师资力量的重要路径。

师资培训要明确教师教育戏剧课程培训目标：

（1）提升教师教育戏剧理论素养。使教师了解教育戏剧的基本概念、发展历程、理论基础及其实践价值。

（2）增强教师教育戏剧教学技能。掌握教师教育戏剧的教学方法与技巧，包括情境创设、角色扮演、即兴创作等。

（3）提升教师教育戏剧实践应用能力。通过实际操作和案例分析，提升教师在教育戏剧教学中的课堂组织、教学设计和实施能力。

（4）强化教师运用教育戏剧进行跨学科融合能力。培养教师的跨学科思维，促进戏剧与其他学科的有机融合。

（5）培养教师教学创新能力。鼓励教师通过尝试新的教学方法和手段，培养创新意识和创新能力。

## 二、开展教育戏剧研讨活动

在小学道德与法治教学中有效地运用教育戏剧，凭借一个人的力量是很难做到的。学校应该组织教师进行与教育戏剧有关的教学讨论和交流，让教师共同讨论教学，并对课堂教学进行评估。如通过集体备课、共同观课等，使教师在共同交流、相互学习的过程中发现自己的缺点，吸取他人的经验，不断提高自身运用教育戏剧的教学水平。学校也要为教师提供与之相适应的理论、实践训练的机会，并且还应该给教师提供适当的物质条件和一定的资源支持。

聚焦课堂，推进研究

——《基于教育戏剧的小学道德与法治学习方式转型研究》研讨活动

2022年6月16日下午，广东省"铸魂育人"专项课题《基于教育戏剧的小学道德与法治学习方式转型研究》的课题组成员共聚芦荻西小学，在荔湾区教育发展研究院余仁生副院长组织下，举行了课例研讨活动，荔湾区道德与法治学科教研员伍宝琴老师、荔湾区科研部吴先强博士、康有为纪念小学苏苑勋校长和罗倩雯副校长、中科院荔湾实验学校杨柳主任、芦荻西小学陈悦英校长给予了指导，康有为纪念小学和芦荻西小学的课题组成员参加了本次研讨活动。芦荻西小学余曼红、梁苑桦两位老师带来了精彩的课例展示。

余曼红老师执教的是道德与法治二年级下册《坚持才会有收获》一课。余老师认为，把教育戏剧的教学理念运用到低年级的道法课堂中，能激活学生的学习热情，但同时，由于第一次尝试教育戏剧范式的引入，打破了学生原有的学习习惯，那么，想要在教学中落实本课的学习目标，需要老师课前更好地进行设计、预设和课中更到位的引导。在"读坚持故事"环节中，余老师运用了角色扮演的手段，让学生表演绘本故事《青蛙看海》，调动了学生的学习兴趣，初步引导学生理解坚持才会有收获的道理；在"展坚持风采"环节中，运用了"专家入戏"这一教育戏剧范式，让不同的学生扮演奥运明星，分享成功的秘诀，加深了学生对坚持的认识和理解，激发学生坚持的信念；在"学坚持方法"环节中，为了引导学生换位思考，体会在坚持过程中的心理矛盾，余老师把教育戏剧范式"良心巷"引入到情景故事《特殊的较量》中，"跑步时，太累了，同伴超越，是放弃还是坚持下去？"学生选择好立场，老师引导矛盾双方互说理由，力求让学生在情感体验中找到坚持的信心和力量。

梁苑桦老师执教的是道德与法治五年级下册《认识公共生活》一课。梁老师认为，本课的一些教学内容能够与教育戏剧的教学手段相结合，更好地突破教学重难点。梁老师通过"教师入戏"的方式再现了小梁网购的故事，组织学生展开辩论，明确网络虚拟世界也有公共生活，同样需要我们遵守规则、讲文明；另外，梁老师把"角色戏剧"引入到教学中，让学生们分组表演情景剧《我该躺在椅子上吗》与《小红和小图的周末》，在表演过程中，教师适时定格、组织讨论，引导学生对不同的行为选择带来的结果进行思考，从体验中领悟在公共生活中要注意自己的言行举止，从而提高公共意识。

这是课题组成员首次把教育戏剧理念运用到道德与法治课堂中，课后，课题组成员继续就课例展开研讨。课题负责人余仁生副院长和课题组专家进行了精彩的点评和指导。余曼红和梁苑桦老师带来的课例得到了大家充分的肯定。

余院长对教师怎样更好地运用教育戏剧理念促进道德与法治课堂教学作出了指导：第一，要紧扣课程目标。学校要以思政课为主阵地，发挥道德与法治学科在立德树人工作中的重要价值。第二，要把教学内容研究清楚。教师在备课时既要合理安排课时教学内容，也要把教材"吃透"，设计的活动要与学生现实生活的经验紧密结合。第三，找准运用教育戏剧策略的结合点与切入点。教育戏剧的理念强调学科的实践性，能避免刻板的道德说教。如在情景冲突处运用"良心巷"策略，能让学生全员参与，在体验中探究冲突；教育戏剧的场景可以在有争议时回放，教学中要灵活运用策略；教师也可以设计与学生真实生活相符的情景，合理运用"故事戏剧""角色戏剧""过程戏剧"的教学策略，构建出发现问题—发展出新问题—解决问题—归纳观点的模式。

教研员伍宝琴老师评价这是两节既"真实"又"扎实"的课。整个学习过程，师生情感真实，学生作为学习的主体，动口、动脑、动身、动情，在体验中有所收获；教师也在教学实践中得到成长。伍老师也提出了建议：教师要把握住教学内容的内在联系，遵循学生的学习规律，达到知行合一；教育戏剧范式的运用要突出关键问题的探究与解决，教师要在"问题的提炼"上花功夫。

科研部吴先强博士指出教育戏剧理念的优势是突出学生的合作、探究与体验，老师们在设计教学活动时一是要重视学生真实的体验，二是要让更多的学生参与到体验中。吴博士也提出了希望课题组老师能在课堂教学实践中探究出基本的教育戏剧教学模式，不久的将来能将其推广出去。

在研讨中，其他课题组成员积极分享了自己的看法与收获，目前研究中产生的困惑也得到了专家的指导，收获匪浅。

## 三、经验交流与推广

教师通过培训学习与实践，总结个体案例，在学校道德与法治学科教研组进行交流的基础上，开展区域范围的交流与经验推广。将教育戏剧融入道德与法治学科研究工作开展以来，广大教师积极实践，总结出许多宝贵经验，对区域道德与法治教师教育戏剧教学能力提升提供了助益。

以下是一些有代表性的教师教育戏剧观念与实践经验分享。

### （一）关于教育戏剧与素养课堂的认知与实践

教育戏剧作为教与学之间的新关系，关注学生在戏剧过程中的发展和成长。"4+X"素养课堂着力于培养学生的四种关键能力，即"学习力""合作力""思维力"和"应用力"。可见，教育戏剧的目的与"4+X"素养课堂的目标具有一致性。

**融教育戏剧于思政课堂，促"4+X"素养课堂关键能力**

聚焦素养课堂的四种关键能力，芦荻西小学邓璧莹老师通过引导学生自主"问"，合作"演"，深入"思"和任务"行"，展开思政课堂中有效运用教育戏剧策略的实践探索。

1. 自主"问",提高学习力

教育戏剧运用故事情节重现生活中出现的各种情境,这种教学方式不是让学生扮演角色、表现角色,而是让学生走进角色、成为角色。学生在这一过程利用已有的知识、经验、方法、信息技术等进行自主学习,充分体验,深入思考,解决问题,从而完成知识的自我建构,树立正确的世界观、人生观和价值观,达到学会学习的目标。因此,在思政课堂上,应以学生为中心,以问题为导向,为学生提供自主学习的"拐杖",以思促学,提高学生的自主学习能力。以小学《道德与法治》二年级下册第三单元第十一课《大家排好队》(第一课时)为例:

【课堂教学片断】

师:既然排队有那么多的好处,为什么有的人总是不喜欢排队呢?同学们来看看我们熟悉的做核酸排队的情景,你从中发现哪些值得我们讨论的问题?

(创设"在社区排队做核酸"的情景,让学生排成一队,老师扮演其中一个学生,排队期间看到了好朋友并打算让好朋友插队。此时画面定格。)

生1:熟人就可以不排队吗?大家有什么看法?

(核酸队伍中扮演群众的同学纷纷发言)

生2:先来的先做核酸,后来的后做,你插队不公平。

生3:如果人人都不排队,就会你争我抢的,还会混乱试管顺序。

(这时,核酸队伍只剩下一个人了,老师扮演的角色飞快地跑上前:"人好少啊!"此时画面定格。)

生1:大家觉得两个人还有必要排队吗?

生2:只要有两个或以上的人也要排队,这样才会更有秩序。

生3:排队做核酸时,人与人之间应该相隔一米。

师:谁都想节省时间,谁都不愿意等,但通过刚才同学们的讨论交流,我们发现其实自觉排队比不排队更文明有序,实际效率会更高。

【教学分析】

在以上教学环节中,师生演绎再现生活情景,坚持以问题作为导向,先后两次引导学生提出问题"熟人可以不排队吗?""两个人有必要排队吗?"并围绕问题展开讨论。运用"教师入戏""假如我是你"等教育戏剧的策略,引发学生在情境中亲身体验、投入思考、表达看法,从多个角度分析发现"排队"比"不排队"更好,一步步树立了规则意识——人人都要排队,熟人也要排队,人少也要排队。学生在自我体验、自我认知、自我教育的自主学习过程中,增强了道德情感,作出了道德思考和价值判断,从而树立起正确的价值观,实现了从知识的认知向内化素养的转变。

## 2. 合作"演",提高合作力

台湾学者张晓华认为在教育戏剧中,"参与者能够在互动的关系中充分地发挥想象力,表达自我,达到与同伴沟通交流合作的目的"。合作表演作为教育戏剧的主要表现形式,有利于学生关注自我与同伴之间的关系,塑造良好的道德观念和品质,培养团体协作能力和社会责任意识。因此,教师在思政课堂中,应创设学习共同体活动,鼓励学生自编、自导、自演,在学习活动的过程中学会沟通协调、分工合作的方法,培养社会交往、协同成长的素养。以小学《道德与法治》五年级下册第一单元第三课《主动拒绝烟酒与毒品》(第三课时)为例:

【课堂教学片断】

师:在实际生活中,同学们会不会运用方法来拒绝烟酒,保护自己呢?下面老师来考考你们,当面临以下突发情况时,你来积极思考并做出正确反应,按照自己的想法演绎剧本。

(教师设置小张、邻居小陈、街头陌生人和舅舅等人物角色,学生在小组内进行分工、佩戴身份牌)

师:这天,小张在回家的路上遇到了邻居初三学生小陈,小陈满面笑容,一手搭着小张的肩膀,一边从裤兜里拿出一根香烟,让小张尝尝"新鲜"。小张说——

生1:吸烟有害健康,会使人得上肺癌等疾病。

师:这时,小陈火冒三丈,举起手想打小张。这时,小张会——

生1:我会用法律来保护自己,《中华人民共和国未成年人保护法》说对未成年人劝烟劝酒是违法的行为。

生2:我会对他说我的家长来了,以此吓唬他让自己脱身。

师:小张继续向家里走,走到巷口时被一个陌生人拦住了,只见他手拿一袋零食贩卖。小张觉得这包零食有点古怪,心想——

生1:我会想:这种薯片我没见过,而且这么便宜,肯定是下了药。

生2:我会对他说,最近我喉咙发炎了,吃不了。

师:摆脱陌生人后,小张回到了家。舅舅正等他一起吃晚饭,只见舅舅递出一百元让小张买一瓶酒。这时——

生1:我会告诉舅舅,未成年人不能喝酒,而且如果商家向未成年人售卖烟酒也是违法的。

生2:我会对舅舅说,一百元只能买一小瓶酒,而且不是人人都能喝酒;但如果用一百元买饮料能买一大瓶,而且人人都能喝,岂不是人人都高兴吗?

师:刚才这些同学根据不同情况采用了说明道理、婉转说服、借机脱身等不同的方法,既能避免面对面的冲突,又能拒绝危害,更好地保护自己,这些方法值得提倡。

【教学分析】

在以上教学片断中，教师主要运用"旁述默剧"的教育戏剧策略，把发生在三个不同地点的情景事件串连成一个完整的故事剧本，组织学生开展小组内分工合作、角色塑造、排演戏剧。组员们随着剧情的发展，在面对朋友、陌生人和家里人不同对象与不同状况时，设身处地地思考判断、快速反应，做出正确的行为和有效的选择，从而有效地把课堂上学会的知识和方法运用到实际生活中，达到知行合一的效果，既提高了合作力，也培养了道德综合素养。

3. 深度"思"，提高思维力

习近平总书记在《思政课是落实立德树人根本任务的关键课程》中指出：思政课要用科学理论培养人，要教会学生科学的思维。教育戏剧的落脚点是"育人"，即通过戏剧表演的手段最终要实现潜移默化的教育意义。要实现教育戏剧的"育人"目的，关键在于激发学生的深层思维。引导学生在戏剧情节中走进角色，在戏剧人物经历与自身认识经验的关联点甚至矛盾冲突点进行思考、反思、感悟，从而构建起新的道德认知、意识和情感。因此，在思政课堂上，教师应引导学生在戏剧舞台由直观的感官体验开始，深入到心理活动，展开理性的思考分析，从而建立起生活与科学的关系，实现感性认识到理性认识的过渡，提升理解力、批判质疑力、反思评估力及创新意识和创新实践素质。以小学《道德与法治》一年级下册第三单元第十课《家人的爱》（第一课时）为例：

【课堂教学片断】

师：爸爸妈妈对我们生气时，究竟爱不爱我们？认为爱我们的同学站在老师的左边成一列纵队，认为不爱我们的同学站在老师的右边成一列纵队。

（学生自由站队，大部分学生选择站左边队伍，右边队伍有两个学生）

师：这两个同学敢于表达自己真实的看法，很好！（来到生A旁边）你能给我们说说，是什么事情让你会有这样的感觉？

生A：有一次，我把语文书弄丢了。妈妈知道了，很生气，大声地骂我。

（老师随即进入"妈妈"的角色）

妈妈：什么？语文书也弄丢了，那你今晚怎么做作业？怎么预习新课文？明天你还怎么上语文课？我说你呀，到底想不想读书？说了你多少次要收拾好自己的东西，就是不听！

师：同学们，我们听到妈妈严厉地批评小明，但此时的她心里又是怎么想的？

生1：希望他好好记住这次教训，以后不要再弄丢东西了。

生2：我得赶紧去买一本新的语文书，不然明天他怎么上课呀。

生3：我还要跟老师说一下情况，让老师也共同教育一下他。

师：同学们，究竟妈妈爱不爱小明？

生1：妈妈爱小明，她是想小明听话一点，乖一点。

生2：妈妈爱小明，她是想小明好好读书。

生3：妈妈想到为小明买一本新的语文书，说明她是很关心小明的。

师：同学们刚才都纷纷说出了妈妈的心里话，明白了妈妈骂小明的真正用心，你们真是懂事的孩子！由此可见，爸爸妈妈平时对我们有喜、有乐、有哀、有怒……表达情绪和情感的方式各不相同，但相同的是对我们那份沉甸甸的——爱。

【教学分析】

在以上教学环节中，老师首先营造温馨的情感氛围，当学生的发言出现不和谐的"插曲"时，老师尊重学生的"独特"感受，并进一步通过追问"爸爸妈妈生气是不是不爱我们？"通过师生重演事件引导学生反思自我，换位思考妈妈当时的心理活动，切身揣摩妈妈的真实想法，从而理解、体谅父母在日常生活中对待自己的态度和做法，认识到父母的爱有着不同的表达方式，对父母的爱的内涵有了更全面、深入的认识。这一过程采用了"站队""教师入戏""良心巷"等多种教育戏剧策略，学生在"案件重演"的情境中，设身处地地感知他人情绪，理解他人处境，产生移情体验，一步步深入思考和综合分析问题，思维能力得到了有效训练和提高。

4. 任务"行"，提高应用力

应用力是指解决真实问题，对真实事物或事件作出正确决策，是能够推动学习者本身从实践到认识，再实践到再认识等循环发展的内驱力。《义务教育道德与法治课程标准（2022年版）》倡导教师"积极探索议题式、体验式、项目式等多种教学方法，引导学生参与体验，促进感悟与建构"。其中项目式学习作为道德与法治课程的重要学习方式，重在引导学生在实践学习中迁移、转换、运用，形成新的知识建构，并能在实践中解决真实问题。因此，教师在思政课上应多设计项目式学习任务，引导学生在教育戏剧下的虚拟环境里实践学习，解决生活中的真实问题，培养思想和行为的内在统一的实践能力。

在小学《道德与法治》五年级上册第四单元第十课《传统美德，源远流长》（第三课时）时，老师可以进行项目学习任务设计，将"天下兴亡、匹夫有责的爱国情怀"作为一个学习任务，设置"爱国人物大追踪"活动，从"爱国的内涵和方式"这一主要问题出发，设计"寻找爱国人物足迹""领略爱国英雄品质"和"争当新时代爱国少年"三个任务（如图6-1）。

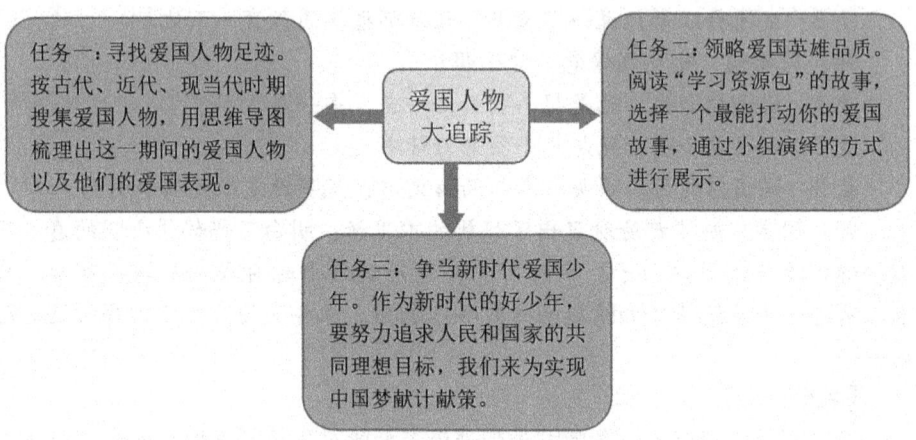

图6-1 "爱国人物大追踪"任务图

任务一是通过搜集古代、近代、现当代不同时期的爱国人物及其故事，感受人物的爱国表现和品质。任务二是本次项目式学习的"重头戏"，意在让学生以小组演绎、巡回戏剧的方式重演爱国故事，在模仿和塑造人物语言、动作、神态等细节中进一步感受爱国人物的优秀品质。任务三是立足任务一和任务二的学习成果，回归现实生活，通过出谋划策，让学生理性思考自己可以为实现中国梦做些什么。通过创设和开展项目式学习，有效采用教育戏剧策略，学生开展自主、合作、探究学习，呈现出多元化的小组学习成果，如：思维导图、爱国故事卡、电影配音、讲述爱国故事、爱国故事舞台剧等，在学习实践中认识爱国人物的事迹，感受人物的精神品质，增强了爱国意识和情怀，并学会了爱国的具体行动和做法。

实践证明，在思政课堂中有效运用教育戏剧策略，能促进学生"学习力""合作力""思维力"和"应用力"的发展，有助于道德与法治学科核心素养的进一步落实和学生全面发展的综合素养的形成。

（二）关于教育戏剧技巧的探索

教育戏剧的教学技巧是在实践中探索形成的，教师们在掌握基本技巧的同时，结合课堂教学形成了各自的见解与深入认知，从不同角度给其他教师提供了很好的借鉴。以中国教育科学研究院荔湾实验学校的杨柳老师为例，其从"情感突围"的视角提出了戏剧与道德法治教育的融合方式。

## 小学道德与法治学科育人的情感突围

道德与法治课程以儿童的生活为基础，通过感受、体验、思考和判断，让他们逐步形成正确的道德意识和生活观念，并逐步学会交往与合作。教育戏剧与道德法治教育的融合，就是在戏剧活动中融入道德法治教育，让学生在参与实践过程中学习道德与法治知识并学会应用。教育戏剧活动要在真实情境中进行，通过教师设计不同主题的剧本、角色扮演等方式引导学生感知、体验和感受，让他们在反复排练和表演过程中内化知识。此外，教育戏剧活动要重视学生间的协作和交流能力的培养，让他们能够设身处地地为他人着想和理解他人，使其道德法治观、道德感得到有效培养。

1. 运用情景，体验共鸣

"谁能把故事说完整，谁就是好故事家"，在教育戏剧中，教师要引导学生走进文本的世界，用他们喜闻乐见的方式把故事讲出来。通过情景再现、角色扮演等活动，让学生感知人物情感和思想的发展。比如：教学《做一个文明有礼的孩子》一课时，教师让学生扮演"小男孩""小女孩"等角色参与课堂活动。这样孩子们就能感受到日常生活中不同角色对自己的要求和期待，也能切身地体会到哪些行为是正确的、哪些行为是错误的，从而约束自己的言行。在表演中，教师通过情景再现的方式让学生知道什么是对与错、好与坏、美与丑……学生在表演过程中对"小男孩""小女孩"等角色有了更加深刻的理解，也为其树立正确认知提供了有利条件。教师通过创设情境让学生走进文本、走进内心，不仅有助于提升课堂教学实效，还能引导学生树立正确价值观。

2. 角色互换，增进理解

戏剧表演是一种生动的教学方式。在角色互换中，教师和学生都成了教学活动的主体，师生之间的距离被拉近，课堂氛围变得更加轻松自然，学生也因此获得了更多的情感体验。例如，在教学"我的爸爸"时，教师组织学生表演自己和爸爸之间的生活片段，他们或流露出对父母的爱之情，或表现出对父母强烈的不满意之感等。在表演中，孩子们得以身临其境地体验父母为家庭的付出而受到感动。通过角色互换，可以让学生更加理解父母"望子成龙、望女成凤"的期望及对子女浓烈的爱；也可以让他们知道父母是多么不容易；还可以让他们意识到自己应该怀有一颗感恩之心……教师要借助教育戏剧这一载体引导学生从角色互换中汲取力量和营养。

3. 团队合作，感知价值

教育戏剧最大的魅力在于团队合作，其过程中体验到的是公平、公正、尊重等。例如，在学习《感受家庭的幸福》一课时，教师设计了"小管家"的游戏。学生一人当一天家庭主妇，体验家庭中所发生的事情。如果没有老师参与其中，孩子们会觉得很难，因为他们要考虑家里生活中可能出现的问题和困难。通过活动，孩子们渐渐明白了如何做一个合格的小管家，还学会了互相帮助和合作。这样一个活动项目就变成了教育戏剧。通过一个个角色的扮演、一个个活动的开展和一个个问题的解决，孩子们渐渐地从旁观者转变成参与者、组织者和引导者；从一个人思考变为大家共同思考；从被动接受知识变为主动发现知识。

4. 小组合作，模拟实践

小组合作是教学实践的基本模式之一。在小组合作学习过程中，教师要引导学生将自己的经验与同伴分享，并根据同伴提出的问题进行判断，最后得出结论。这一过程不仅能锻炼学生语言表达能力，还能培养学生之间互相尊重、团结协作的精神。为了让小组合作更有成效，教师可以指导学生制定并完善《小组合作手册》，内容包括：确定研讨主题、设计讨论任务、制定评价标准、安排角色分工等。小组讨论后进行模拟实践，并按照不同类型的角色安排任务。这一过程中，教师要根据讨论的情况及时做出评价。例如，在讨论"交通安全小卫士"这个主题时，教师可以让学生模拟交警指挥交通；教师可以让学生模拟垃圾分类的志愿者；教师可以让学生扮演清洁工、家长和孩子等角色……通过模拟实践，学生获得了更多思考的空间和表现的机会。这不仅能提升学生口语表达能力和实践能力，还能培养他们以旁观者的心态看待事物、解决问题。

"没有冲突就没有戏剧"，矛盾冲突是戏剧的基本特征。在教育戏剧中引发问题冲突，让学生在问题冲突中自我体验、自我认知、自我教育，是推动学生从被动学习转变成主动探究，让课堂更加生动、活泼、高效的有效途径。西华路小学赖冠梅老师针对教育戏剧如何引发冲突的设计研究给了思政老师们很详实的研究策略。

### 在思政课中运用教育戏剧引发问题冲突设计的策略

"没有冲突就没有戏剧"，矛盾冲突是戏剧的基本特征。在课堂教学中把教学目标与戏剧的冲突点或矛盾点结合起来，带领学生在戏剧演绎中了解矛盾产生、发展、解决的过程，并通过冲突或矛盾的解决达到学习目标，这是此类课堂设计的基本逻辑。按照这一基本思路，我们从认知、情感、运用等方面探索实践出五类引发冲突的情境，不断创新思政课教学，将思政"小"课堂与社会"大"课堂相结合。

1. 通过小戏剧创设"新旧认知"冲突情景，让学生"疑心重重"

认知冲突，是指新旧认知出现的某种差距或矛盾。现代心理学认为认知从质疑开始，设疑能激起学生的认知冲突。网络时代成长起来的学生，其接受的信息多元，对许多重大历史问题的认知往往表面化，甚至完全偏离了事实真相。教师要在授课前，提出与课本有关的一系列问题，使教材内容与学生求知心理之间产生"某种不协调"，从而把学生引入系列问题的情境之中，以激发学生的求知欲。如在小学五年级《屹立在世界的东方》一课的教学中，先展示一些网络媒体对志愿军的污名化内容，然后设计"为什么要抗美援朝"冲突，让学生通过教育戏剧演绎"打得一拳开，免得百拳来"，真正代入时代背景去理解新中国成立及初期面临的内外压力，唤起学生对革命者、建设者的敬仰之情，激发热爱中国共产党的情感。通过引发概念冲突情境展示大历史，让历史宝藏蕴含的鲜活感人力量，跨越时空、历久弥新。

2. 通过小戏剧创设"争议问题"冲突情景，让学生"不吐不快"

一般而言，能够引起学生关注并容易使人认知模糊、有争议，让学生急于了解和得到解答的问题，能激起学生的探究欲。设置特定的有冲突话题，通过教育戏剧的展示，引导学生充分经历冲突过程，让学生心悦诚服接受结论、水到渠成得出结论。如在五年级道德与法治《建立良好的公共秩序》的学习中，出现占道乱摆卖的情景，有的同学认为生活不易可以理解，有的同学认为不能破坏公共秩序。让学生在换位演绎中明理，无论是公民个人还是社会单位或组织，都需要遵守公共秩序，共同营造良好的社会环境。对破坏公共秩序的个人或组织要依法惩戒，形成遵守公共秩序光荣，破坏公共秩序可耻的社会风尚。

3. 通过小戏剧创设"热点话题"冲突情景，让学生"群情激昂"

"热点"是指社会生活中能引起广泛关注并存在较大影响或争议的问题，它能激起学生的思想冲突，激发他们的学习兴趣。教师可以在教学中采用教育戏剧增强教学的实效性和吸引力，寻找学生关心的社会热点问题融入与教材内容相矛盾的情境之中，以此引起学生的思想冲突，激发其内在动机。

4. 通过小戏剧创设"价值多元"冲突情景，让学生"扪心自问"

网络时代下的学生，会被社会各种意识影响思想，可能会产生各种价值取向。思想政治课要根据学生的思想实际，布下迷阵，触发其价值观冲突，以此为契机层层引导。如在讲《合理消费》一课时，可以不拘于课本限制，而是针对学生思想实际"设陷"，触发其认识误区、引起思想冲突。"我用自己的劳动所得，爱买什么就买什么，你管我浪不浪费。"在教育戏剧演绎中让学生懂得勤俭节约是中华民族的传统美德，我们要发扬勤俭节约精神，养成勤俭节约的好习惯。

5. 通过小戏剧创设"理想现实"冲突情景，让学生"脚踏实地"

教育戏剧专家张晓华教授说："在戏剧中，孩子体验别人的人生，经历某些事，他会明白不同的选择导致的结果不同，他会思考'如果是我，我会怎么样',而这被证明对孩子的心智成长是非常有利的。"教育戏剧正是通过创造虚拟境遇,让孩子沉浸其中认识自己和世界。创设生活中的冲突情境,还可以把生活情境从课内延伸到课外,扩大情境创设的空间,最大限度地激发学生的学习兴趣,实现知、信、行的转化。通过真实生活冲突,实现思政课教育与个人感悟的有效交互,使学生对所学课程形成强烈的参与感、代入感和获得感,以教育戏剧形式表达学习感悟与情怀,将思政学习体会以学生喜闻乐见的方式融入日常生活中,以小戏剧形式与家长、同伴分享,在公众号分享,创设平台表达情怀,带着学生用眼睛发现中国精神、用耳朵倾听人民呼声、用内心感应时代脉搏,潜移默化地对学生的思想意识、言谈举止产生影响,真正让思政课与时代同行、与现实同频、与学生思想共振。

新时期学校思政理论课提出了新的要求,教法和学法要变革和创新,要让教学对话产生意义上、情感上的冲突,这样的对话学习才有价值。让学生进入问题的就是角色,有效地引发矛盾冲突,激发学生产生疑惑,并引导学生积极主动地解惑,这是一个好教师和一堂好课的最高境界和终极使命,也只有这样的课堂,才能更好地造就孩子的创新品格。

(三) 关于教育戏剧策略的深入探究

在教师研讨与经验交流中,教师们对于教育戏剧的策略进行了深入的探究。在道德与法治教学中常用的戏剧策略有十余种,将不同的教师对不同的策略进行的深入实践与研究汇集在一起,就是一种集体的智慧。芦荻西小学余曼红老师对"专家外衣"策略、康有为纪念小学尹晶老师对"教师入戏"策略分别进行了深入探究。以康有为纪念小学尹晶老师的"教师入戏"策略探究为例,可窥见教师用心之深。

### "教师入戏"策略的优势与应用

教育戏剧观中的"教师入戏"范式,是指教师脱离课堂教师的身份,运用简单的道具或服装化身为与故事相关的角色,推进学生在拟真的氛围中进行学习。

1. "教师入戏"在教学中的优势

教师在课堂上的定位极其重要,教师应该以怎样的课堂角色、以何种教学方式引导学生思考、讨论、学习,这是值得探讨的问题。在以往的教学模式下,教师往往是知识的权威者和传授者,单向控制着知识授受,学生被动地接受教师输出的内容,却未能有足够的机会主动探究知识和体验所学,不能充分激发课堂活力与效益。

而教育戏剧教学模式下,"教师入戏"范式突出了教师的主动参与、教师引导和学生本位、学生主体。此范式下，教师成为适时转换身份的"演员"，依据课前预设与课堂生成，适时转换角色，教师入戏充分掌握学生的体验情况，引导课堂方向，掌握课堂过程，适时指导学生戏剧创作和表演，为学生提出更有助于学习的表演建议等，并通过教师角色进行氛围烘托和情景再现，引导学生进入与教师互动的课堂知识学习情境中。在此范式的课堂运用中，教师在营造戏剧环境、推动角色扮演发展、促进学生互动学习方面有着重要作用，有助于实现教学目标，取得更佳教学效果。

2. "教师入戏"在教学中的应用策略

（1）教师入戏当教育戏剧环境的营造者

在传统的课堂中，教师往往自行固化教学环节，学生通常按照老师设置的环节步骤开展学习，被动进入教师预设的情境中接受知识，往往不能较好地激发学习兴趣。在教育戏剧的教学模式下，教师可以通过与故事相关的环境布置、角色相关的仿似语音语调、背景音乐、剧幕等营造教育戏剧环境，给学生创设一种较为放松有趣的课堂氛围，自然而然地开展角色体验，不知不觉间进入学习状态。在课例四下第一单元第二课《我们的好朋友》第二课时中，教师先充当了导演的角色，用语言和剧场放映音乐与荧幕展开等营造戏剧氛围，揭示课题。因情境展现应出于校园中，所以在开始角色扮演之前，教师通过校园图片和优美的语言，引导学生进入教师预设的教学情境中，感受角色，仿佛置身于故事中的校园、教室，开始角色的体验。在体验式的轻松化的教学氛围中，学生更有兴趣积极参与，更大胆地展示自己，更易于感知与接受所学，更勇于表达自己的想法。

例：

教师：星期二的早晨，有为大道上的花儿迎着朝阳展开笑颜，有为校园依旧宁静而美好。但是，四年级（5）班的教室却和往常不太一样，一大早就热闹起来了，究竟发生了什么事？请同学带我们去看一看。

（2）教师入戏当角色扮演发展的推动者

教育戏剧的开创者希斯科特认为，教师在课堂上的角色，不仅是一名教师，更是一名多变的演员，她提倡教师运用教育戏剧的"教师入戏"范式来实现教师角色与演员角色之间的转换。教育戏剧课堂中，通过教师活动将课堂进行串联。

第一，教师入戏要推动角色扮演发展，找到教育契机。教师可以充当求助型角色，急需他人援手相助。学生在帮助角色解决所面临疑难困境的过程中，将会调用自己的智慧、生活经验、所学知识分析与思考，从而探究更多更好解决困境的途径和方法，锻炼思维力、培养助人品质、提高分析解决问题的实际能力。

在课例四下第一单元第二课《我们的好朋友》第二课时中，教师化身为故事中的"老师"角色，推动学生在演、说、劝的过程中逐步感受到真正的友谊应该也要合理要求、明辨是非。

班长竞选时，要求朋友投票给自己的"黄莺"落选了，她闷闷不乐。

教师入戏："黄莺"，你可别因为落选而不开心，我们下次还有机会，其他同学，作为班级里的一员，也请大家一起劝劝"黄莺"，给她一些支持吧。

随后在场学生化身"黄莺"的好伙伴，劝说和安慰她。

在教学过程中，通过教师入戏的引导，全体学生能够从旁观者的角度转换为"黄莺"的伙伴，通过劝说他人，进一步明确真友谊的内涵，不做有损友谊的事，面对朋友的不良情绪也要及时疏导。

教师入戏要推动角色扮演发展，及时改变想象的背景。教师要时而作为剧情角色沉浸在与学生开展的各项体验活动中，时而作为观察者感知学生的所言所行，在学生与教师共同创设的体验情境中推动或改变情节的发展，感知课堂生成的教育契机，根据学生的表现与情节改变角色扮演的背景，适时加入情节与角色，直到剧情结束，达到预期课堂效果。

在五年级上册第一单元第二课《学会沟通交流》第一课时"正确对待不同看法"教学中，在"知道不同看法存在的原因，知道对于同一事物有不同的看法是正常的"的关键问题中，通过教师入戏推动剧情发展，引导学生。

小组演绎：暑假到了，"我"不想去补课，而妈妈却说，暑假是赶超别人的黄金时间，准备一下子给"我"报四门培训班，有书法、钢琴、游泳和写作，"我"觉得这会比在学校还累，我们因此争吵了起来。

但在小组演绎争吵时，学生只从"太多的安排没有娱乐时间""参加培训班是为了提升自我"等角度表达看法，较为单一。所以教师入戏充当其他角色，继续发表不同的看法，从而激发了学生从不同的角度出发，针对"参加培训班"的事件有了更多的看法。

教师入戏：饰演培训机构的工作人员，努力说服"我"和妈妈报名。

学生补充饰演陌生阿姨，劝导妈妈不要给孩子太大压力。

教师入戏根据学生的行为表现来推动演绎进行，帮助学生从多个人物和角度观察不同看法存在的原因。

（3）教师入戏当促进学生学习互动者

"教师入戏"范式下，课堂活动过程中，教师应根据即时生成的矛盾冲突或道德模糊点不断地进行分析与探究，根据学生行为表现适时抛出关键性问题开展议论，并适时补充资源与知识授受，引发师生、生生对话互动，在对话中思辨，在思辨中激发价值认同，培养学生道德自主建构能力。

在课例四下第一单元第二课《我们的好朋友》第二课时中，教师入戏引导学生成为角色劝说"黄莺",后又出戏组织学生讨论面对朋友的不合理要求时是否能够帮助及说明原因引导学生思考毫无原则的帮助会有什么后果。

除引导学生"入戏"之外,更要适时地呼唤学生"出戏"。不应刻意追求戏剧表演的连续性和完整性,相反,教师可以通过角色身份在表演过程中适时打断学生的表演,并请扮演者切换身份,跳出角色,作旁观审视并加以讨论。

教育戏剧应用于道德与法治课堂,层层深入地引导学生在情境中开展形式多样的探究学习,有效地提高了课堂效率。在"教师入戏"范例中,教师为学生营造信以为真的戏剧氛围,提供宽松、有趣的学习环境,通过抓住矛盾冲突与道德模糊点运用技巧去提问,让学生在戏剧与现实之间,吸收教师所教授的,输出自己所感悟的,经历从"他我"到"自我"的不断检验,培养道德自主建构能力。教师通过入戏为学生创设情境,在课堂中晓之以理、动之以情、导之以行,让学生获得切身的道德体验,激发道德情感,做出道德思考和价值判断,实践道德行为。